影响青少年一生的
读者文摘
{励志向上篇}

YINGXIANG QINGSHAONIAN YISHENG DE
DUZHE WENZHAI
LIZHI XIANGSHANG PIAN

杨 晖 主编

北京工业大学出版社

图书在版编目(CIP)数据

影响青少年一生的读者文摘.励志向上篇/杨晖主编.—北京:北京工业大学出版社,2015.10(2021.5重印)
ISBN 978-7-5639-4465-1

Ⅰ.①影… Ⅱ.①杨… Ⅲ.①文摘—世界 Ⅳ.①Z89

中国版本图书馆CIP数据核字(2015)第231605号

影响青少年一生的读者文摘·励志向上篇

主　　编：杨　晖
责任编辑：闫　妍
封面设计：新纪元工作室
出版发行：北京工业大学出版社
　　　　　（北京市朝阳区平乐园100号　邮编:100124）
　　　　　010-67391722(传真)　bgdcbs@sina.com
出 版 人：郝　勇
经销单位：全国各地新华书店
承印单位：天津海德伟业印务有限公司
开　　本：700毫米×1000毫米　1/16
印　　张：11.5
字　　数：273千字
版　　次：2015年12月第1版
印　　次：2021年5月第2次印刷
标准书号：ISBN 978-7-5639-4465-1
定　　价：30.00元

版权所有　翻印必究
(如发现印装质量问题,请寄回本社发行部调换 010-67391106)

前言

在人的一生中，青少年时期是积累文化知识、塑造思想灵魂的重要时期。要想开阔自己的视野，丰富自己的人生，在同龄人中成为佼佼者，仅凭课本上的知识是远远不够的，我们必须多读书、读好书。

好书可以增加我们知识的深度和广度，好书可以传递深邃的人生哲理，好书可以让我们树立正确的人生理念，让我们拥有一个更广阔、更光明的世界。

一个人面对自我时，需要的是镜子；一个人面对外面的世界时，需要的是窗子。使用镜子才能看见自己的污点，通过窗子才能看见世界的美好。

我们常常需要开启心灵的窗子，通过和别人的接触获得益处；我们也常常需要借鉴别人的经验，以此做镜，来照亮自己的人生。

古今中外图书浩如烟海，如何充分利用宝贵的时间，如何选择那些具有知识性、思想性的读物，提升自己的文学修养、增加自己思想的深度，是每个处于这一阶段的人都必须面对的问题。

《影响青少年一生的读者文摘·励志向上篇》就是这样一本好书，它融各类精品文章于一体，主旨在于陶冶情怀，启迪智慧，用真实质朴的文字，讲述一个个感人至深、发人深省的故事。无论是单纯的阅读，还是为了积累写作素材，青少年们都可以在书中找到一份意想不到的收获和满足。

年轻人无不对未来有着美好的憧憬。然而，很多人在涉世之初，因为缺少正确的指导，往往会事倍功半，无所作为，还有的甚至接受误导，不小心踏入歧途。

经验有好有坏，不能囫囵吞枣，一股脑接受，应当有所选择，择优而从。我们听惯了空洞的说教和死板的理论，那些只会令人乏味；而生动的故事和质朴的哲理却能动之以情，晓之以理，让人乐于接受。

本书所选的故事都体现出一种向上的人生观，能赐予生命以力量，传递正能量，助益心灵之成长。每一个励志故事，带给你希望、勇气与自我突破的能量；每一个向上的人生启示，道出各界精英获得成功与成就的核心秘密。

向上带来无穷能量，励志改变你我人生！

希望本书能有益于中国的青少年们，希望你们能一直自信而蓬勃地成长，不断进步！

目录

第一辑　关于自信和成长

为自己喝彩 / 2
自己的国王 / 2
战胜自卑 / 3
雕琢之苦 / 4
瞬间美丽 / 5
选择的门道 / 6
你想成为什么角色 / 7
坦然地面对拒绝 / 8
不要为自己的缺陷而苦恼 / 10
学会自我反省 / 11
自嘲也能获得成功 / 12
心中有鬼 / 13
不能被自己打败 / 14
抛弃自怜的念头 / 15
信心驾驭命运 / 16
做自己命运的主人 / 17
求人不如求己 / 19
拥抱失败 / 19
成功源于失败 / 20

成功的积累 / 21
眼前的荣耀 / 22
眼睛要看向远处 / 22
得不到的花生 / 23
不能空手而归 / 23
争取到最后关头 / 24
明确的目标 / 25
三心二意的结果 / 26
到手的猎物 / 27
一心不能二用 / 27
小毛病容易酿成大错 / 28
错误寻找 / 29
谁去挂铃铛 / 29
成功从小事着手 / 30
学会主动出击 / 31
不要太看重眼前利益 / 32
对所干的事要充满热爱 / 33
细微之处的坚持 / 33
小钱当珍惜 / 35

金子与石块 / 36

靠自己的双手而生存 / 37

懂得摆正自己的位置 / 38

恰到好处地表现自己 / 38

专　注　力 / 40

三年为一日 / 40

做事要一心一意 / 41

眼　　界 / 42

找准相比较的对象 / 42

人贵有自知之明 / 43

认识到自身的缺陷 / 44

上帝是公平的 / 45

虫 的 蜕 变 / 45

骆驼和商人 / 46

雨中的小贩 / 47

决定自己的行为 / 48

心 无 旁 骛 / 48

对自己的脸负责 / 49

大　　海 / 49

捐　　洒 / 51

仁 爱 之 心 / 51

尊重是最大的激励 / 52

以 德 服 人 / 53

做人的道德 / 54

人 情 账 / 54

第二辑　关于品行与良知

良　　知 / 58

释 放 善 意 / 58

真诚的赞美 / 59

为别人喝彩 / 60

开　　锁 / 61

和玫瑰相处 / 61

更多的微笑 / 62

多 听 少 说 / 63

语言的伤害 / 63

最惊奇的误会 / 64

讥笑他人的代价 / 65

吃小亏，积大德 / 66

蚂蚁与天鹅 / 67

帮助别人，自己快乐 / 68

用宽容化敌为友 / 68

不要过分挑剔他人 / 69

给别人帮助自己的机会 / 70

仇恨和报复不可取 / 71

自 我 感 觉 / 72

麻雀与喜鹊 / 72

不要盲目模仿他人 / 73

外表没有那么重要 / 74

别把无知当炫耀 / 75

诚实是最好的报答 / 76

信任是一种无形的力量 / 77

小节不可忽视 / 78

投机取巧不可取 / 79

要懂得适可而止 / 79

不要逼人太甚 / 80

勿轻信他人 / 81

不做不付出的人 / 82

索取不能无度 / 83

善与恶一念之间 / 83

勿以恶小而为之 / 84

不要得意忘形 / 85

没有长牙的大象 / 86

别忘了他人 / 87

顶撞与服从 / 88

放低姿态不越权 / 89

平和地看待竞争者 / 90

同伴的价值 / 91

不 如 共 享 / 92

肺 腑 之 言 / 92

把恩惠带给他人 / 93

说话要注意分寸 / 94

切忌刺探他人的隐私 / 95

聪明要用到点上 / 95

别把钱包捂得太紧 / 96

好汉也需他人帮 / 97

功劳不是哪一个人的 / 98

与人共享才能实现双赢 / 99

识时务者为俊杰 / 99

嫉妒之心不能有 / 100

怒 由 心 生 / 101

牛 虻 / 101

不要自作聪明 / 102

与其报复，不如宽恕 / 103

你争我斗不如和睦相处 / 104

恶意有恶果 / 104

不要过于追求虚名 / 105

退让有时是一种勇敢 / 106

客观公正地看待他人 / 107

不要用强制手段逼迫他人 / 109

伤害别人也会害了自己 / 109

让别人需要你 / 110

一事当前忍为高 / 111

生气于事无补 / 112

不要伤害他人的自尊 / 113

责怪他人前先检查自己 / 113

鼓励胜于苛责 / 114

站在别人的立场想一想 / 115

有些话就当没听见 / 116

嫉妒心会害了自己 / 117

拒 绝 诱 惑 / 118

贪是一枚"苦果" / 119

比魔鬼还厉害的东西 / 120

节制欲望才能活得轻松 / 121

减少贪念才能获得满足 / 122

贪婪是夺命的枷锁 / 123

虚荣心导致悲剧 / 124

居心不良终害己 / 125

有恶念就有恶果 / 126

该撒手时就撒手 / 128

过分的希望终会落空 / 129

抓到手上的才是最好的 / 130

自私会使你遭受损失 / 130

无私者才能无畏 / 131

吃到最好的桃子 / 133

替你织网 / 134

鼹鼠与鹰王 / 135

狮子与野牛 / 136

懂得"留一手" / 137

鸽子们的阴谋 / 138

雪狼斯巴鲁 / 139

慢船累倒马 / 142

吵闹的猴子 / 143

爱 / 144

第三辑 / 心理情绪的作用

平静的心 / 148

阅读的功效 / 148

自寻烦恼 / 149

笑是一种愉快的运动 / 150

快乐过好每一天 / 151

用笑容迎接厄运 / 152

学会调整自己的情绪 / 152

凡事往好处想 / 153

不生气 / 154

两兄弟的不同命运 / 155

情况不同 / 156

不要盲目和别人比 / 157

换一个角度看问题 / 158

享受此刻的生活 / 159

选择快乐的心情 / 160

不必遗憾 / 160

无法挽回的事 / 161

学会理智地放弃 / 162

未来该如何生活 / 162

不要为明天而忧虑 / 163

接受不可改变的事 / 164

淡看人生喜与忧 / 164

没有绝对的圆满 / 165

忘记过去是为了将来 / 166

无心却有果 / 167

回头有什么用 / 167

知足之心 / 168

不要和他人攀比 / 169

好马要吃回头草 / 170

沉默的作用 / 170

懂得割舍 / 171

别把偶然当成必然 / 172

清洗心灵 / 173

心里的快乐 / 174

付出的乐趣 / 175

第一辑 / 关于自信和成长

　　自信是迈向成功的第一步。每一个人都应该拥有自信，拥有自信的人生，拥抱美好的未来。我们的健康成长需要自信，因为自信的力量是无穷的，自信能创造奇迹。

为自己喝彩

在那场众所周知的龟兔赛跑中,乌龟奇迹般地战胜了兔子。

赛后,山羊记者在采访乌龟时,问:"你是用什么方法战胜常胜将军兔子的?"

"喝彩,为自己喝彩!"乌龟平静地说。

"你能谈得具体一些吗?"山羊记者问。

"当然可以。"乌龟接过话筒说,"很多人都认为我之所以能战胜兔子,是因为兔子在赛跑过程中睡了一觉,我才赶到前面的。其实,这是表面现象,我之所以能拿冠军,其中最主要的原因是一路上我不断地为自己喝彩。每当我前进一米时,我就大声对自己说'你真行'或是'你真了不起'。就这样,一路上我不停地为自己喝彩,整个赛程就在不知不觉中轻快地跑完了。"乌龟的话音刚落,便赢得了山羊记者和其他听众的热烈掌声。

点睛妙语

当你取得了成就,做出了成绩,或朝着自己的目标不断前进的时候,千万别忘了给自己喝彩。当你对自己说"你真棒""干得好"时,你的内心一定会被这种自我评判所激励。而这种成功途中的欢乐,确实是很值得你去细细品味的。

自己的国王

某天,狮王在下山的路上,与一个人相遇了。

"你是谁?"狮王问道。

"我是国王!"那人回答道。

"国王?"狮王哈哈大笑道,"你统治着多少人?"

"统治我自己。"那人平静地说。

点睛妙语

愚蠢的人,总是想着要征服世界;聪明的人,则要征服自己。

战胜自卑

夜晚,一只癞蛤蟆躲在洞里偷偷地哭泣。一只过路的蚂蚁听见了,便上前问它原因。

"你看我的长相是多么丑陋啊,我的声音又是如此浑浊,我瞧不起自己,我没有勇气在阳光下和大家一起玩耍……"

"可是,我听别人说,你是青蛙王子的近亲。"蚂蚁对癞蛤蟆说。

"真的?我是青蛙王子的近亲?"癞蛤蟆不相信地问。

"是的,的确如此!"蚂蚁肯定地对癞蛤蟆说。

癞蛤蟆听后,一下子精神大振。

第二天一大早,癞蛤蟆便从洞穴里爬出来,满怀自信地来到一块空地上,跳起了欢乐的舞蹈,同时还鼓起腮帮子,唱起了美妙的情歌。没想到它优美的舞姿和动听的歌声吸引了许多小动物来欣赏,舞蹈结束时,动物们对癞蛤蟆报以热烈的掌声。

后来,成为舞蹈家兼歌唱家的癞蛤蟆经过多方查证,知道了自己并不是青蛙王子的近亲,但这早已不重要了。

点睛妙语

如果不能战胜自卑，自卑就会彻底击垮你。承认自己，欣赏自己，接纳自己，将所有的自卑全部抛到脑后，这将是你走向成功的基石。

雕琢之苦

一位雕刻大师，在一个木材厂找到了两块上好的木料，便把它们买回家，准备雕成两座佛像。

就在雕刻家拿出工具时，一块木料哀求道："尊敬的先生，我受不了那种刀斧加身时的疼痛，你就放过我吧。"

"好的，我可以放过你。但你想过没有：如果不经过刀斧加身，你就会被人遗忘，永远没有出头之日了。"雕刻大师说完，就随手把那块木料放在一边，而另一块则被大师雕刻成了一尊佛像。

在大师完工后的那个夜晚，木料嘲笑那尊佛像说："哟，瞧瞧你，浑身刀痕累累，花了那么长时间，受了那么多的罪，现在还不是躺在这里，一动也不能动。你看看我，浑身上下没有一点儿伤痕，成天逍遥自在地躺在这里，别提多快活了。说不定，哪天又有人将我高价买走，我的前途又无限光明了。你说，我们俩的命运怎么会相差如此之大呢？"

佛像沉默着，没有理会木料的嘲笑。

过了几天，一座香火旺盛的寺庙住持前来拜访雕刻大师。闲聊当中，住持无意间看到了那尊佛像，愿意出高价买下，大师不肯。经住持再三恳求，大师见他心诚，才同意出售给他。

大师把那尊佛像交给住持时，又顺便把那块闲置在家的木料一并送给了住持，说："这块木料，放在我这里也没什么用，你一起拿走吧，说不定还能派上什么用场。"

"哦，由于香客太多，寺庙门槛早已被踩烂了。我看这块木料做门槛刚好合适。"住持说完，便把佛像和木料一起带走了。

安放在大殿中的佛像，每天都受到香客的跪拜，承受香火及三牲的供奉，身份地位尊荣备至。而那块木料，则被做成了门槛，每天都被和尚和香客们踩来踩去。

一天夜里，木料又开口了，"我们是相同的两块木料，为什么你可以享受供奉，而我却天天让那些和尚和香客们踩来踩去？真是痛苦……"

佛像终于开口了："在大师完工前，我所受到的雕琢之苦，常人是难以承受的，当初你不愿意接受刀斧加身，所以今天你我所受的待遇，才会有天壤之别。"

点睛妙语

人生的成功或失败，幸福或坎坷，快乐或悲伤，有相当一部分是由人自己的心态造成的。你不愿吃苦，也就难以享受到成功的乐趣。你承受了苦难，就能享受到常人所享受不到的成功。

瞬间美丽

一只乌龟和一株昙花相遇了。

"你的生命太短暂了，我真为你感到悲哀。"乌龟说。

"不，我不这样认为！的确，我的生命非常短暂，只有片刻的时间，但这瞬间是美丽的。所以，我从不为自己感到难过。"昙花说。

"可是，我的生命却能延续一千年。因此，与你那短暂的一瞬间相比，我的生命是你的成千上万倍。"乌龟不无自豪地说。

"不错，你能活一千年，但你所过的每一天，都是苦难深重的，你得每时每刻背着沉重的壳，缩头缩脑地生活。这样的日子，即使过得再长久，又有什么意义呢？"昙花说。

点睛妙语

活得够长，不一定活得够好；但是活得够好，就是够长了。活得有意义、有价值的关键不在于生命的长度，而在于活的质量。

选择的门道

一天，著名哲学大师猩猩的三个学生——老虎、长颈鹿、黑山羊问它，怎样才能找到理想的人生伴侣。

猩猩没有直接回答学生们的提问，却让它们到果园里去，采摘一个最大最好的梨子，但每个人只有一次机会，并且在果园里不能来回走，只许前进。

老虎进园后，在第三棵树上发现了一个又大又好的梨子，便满心欢喜地把它摘了下来。但是，当它继续前进时，又发现前面那些树上的梨子，有许多比它摘的那个要大得多，它只好遗憾地走完全程。

长颈鹿吸取了老虎的教训，每当它伸手想采摘时，总是提醒自己后面还有更大更好的。当它快到终点时才发现，机会都被白白地错过了。

黑山羊吸取了老虎和长颈鹿的教训。当它走到三分之一的路程时，就分出大、中、小三类梨子；再走三分之一时，又验证一下自己的分法是否正确；等到最后三分之一时，它选择了属于大类中最大最好的梨子。虽然这个梨子不一定是果园里最大最好的，但它满意地走完了全程。

点睛妙语

人生也是如此。在我们长长的一生里，有无数次的选择等待着我们去做出决定，稍有疏忽，机会便会转瞬即逝。因此，在做出决定时，既要慎重，又要果敢，而这其中的关键，在于你能否智慧地、恰到好处地把握。

你想成为什么角色

动物王国里，山羊老师正在给学生们上课。

"小香猪，你将来想过什么样的生活？"山羊老师问。

"喔，我想过的生活很简单，不受风吹雨打，有好吃的好喝的就行。"小香猪不假思索地说。

"嗯，好。"山羊老师点了点头。

"小象，你的想法呢？"山羊老师接着问。

"我，我没有什么想法，跟着父母过就行了呗。"小象摸了摸鼻子说。

"嗯，好。"山羊老师同样是点了点头。

"小狮子，你说说。"

"老师，我将来想当兽中之王！"

"好！好！"山羊老师高兴地拍了拍小狮子的头。

"哈……哈……你想当大王！你这个不知天高地厚的家伙，要知道你家世代为虎王的奴隶，你父母也只不过是整天为虎王狩猎的仆人而已。"小香猪嘲笑道。

"是呀，你爸还常到我家来讨粮食呢！你长大后充其量也是一个叫花子。"小象高傲地一甩鼻子说。

几年后，山羊老师发出请帖，邀请当年的学生们来家里聚会。

"老师，听我爸说，今天王宫里很热闹。"一进门，小香猪就对山羊老师说。

"哦，是吗？"山羊老师上下打量着小香猪，发现几年不见，它唯一的变化就是比以前更胖了。

"老师，你知道吗？今天虎王要把王位传给继位者。"小象也向山羊老师汇报了自己从街上所听到的新闻。

"那谁是继位者呢？"山羊老师问。

"不知道。虎王说要等到吉时到了再公布。"小象甩了甩它长长的鼻子，说，"老师，狮子怎么还不到呢？"

"哦，它家离这里较远，可能晚点到。"山羊老师想起了狮子几年前的那句话。

"老师，你说狮子会不会因为以前说了大话而无法实现，现在羞愧得不敢来了呢？"小象对狮子迟到的原因产生了怀疑。

"对，对，对，说不定它此刻正在沿街乞讨呢。"小香猪和小象见山羊老师作沉思状，便抢着说。

"孩子们，我想将来狮子的人生肯定不一般。"山羊老师的话刚说完，狮子便走进了它的家门。

"老师好！"狮子走到山羊老师面前，恭恭敬敬地鞠了一躬。

"你……你头上戴着王冠，是真的还是假的？"小香猪和小象指着狮子头上的王冠，吃惊地问。

"当然是真的！"山羊老师抢着回答道。

"你没成为乞丐，真的成了兽王？"小香猪和小象不相信似的再一次问道。

"是的，就在刚才，虎王把王位传给了我。"狮子平静地说。

"能告诉我你从乞丐到兽王的秘密吗？"小香猪问。

"从小时候起，我从未把自己当成乞丐。"

"就这么简单？！"

"是的。当你把自己当成是乞丐时，你就是乞丐，当你把自己当成是兽王时，你就是兽王。"

点睛妙语

一个人的一生是否成功，关键取决于他对自己的定位。在心中你给自己的定位是什么，你就是什么，因为定位能决定人生，定位能改变人生。

坦然地面对拒绝

鸟类要举行歌唱大赛，乌鸦也赶来报名。但负责报名工作的猫头鹰一口拒绝了它，理由是乌鸦的歌声太难听；再者，永远一身黑衣服的乌鸦不太吉利，到时会影响现场听众的情绪。

乌鸦被拒绝后，又找到了歌唱大赛的主持人喜鹊，请它到猫头鹰那里为自己通融一下，给自己一次登台演唱的机会，但喜鹊用与猫头鹰相似的理由，也拒绝了乌鸦。

面对残酷的拒绝，乌鸦毫不气馁，它坚信自己的歌声能被鸟类所接受和喜欢。但它深知，如果没机会在歌唱大赛上一展歌喉，它的"金嗓子"就会永远被埋没。

于是，乌鸦又充满自信地找到了大赛评委之一的凤凰，请它帮助说服猫头鹰，不要把自己拒绝于大赛的门槛之外。谁知凤凰也冷冷地说："你也不去河边照照自己，就你那模样，能上高雅的舞台吗？还有你那歌声，如同人类的哭丧之声，叫人听了毛骨悚然，我看你尽早死了这条心吧。"

乌鸦又一次面对无情的拒绝，但它始终坚持自己的信念，一定要说服猫头鹰，让它给自己一次机会。

在接下来的日子里，乌鸦没有丝毫的懈怠。在练好嗓音的同时，它又一次次地去拜访猫头鹰、喜鹊、凤凰，但这些握有演唱大赛决定权的鸟儿们一次又一次无情地拒绝了它。

在经受了一百零一次的拒绝后，乌鸦又一次敲开了猫头鹰办公室的大门。猫头鹰见乌鸦都快把办公室的门槛踏破了，无奈之下，只好答应给乌鸦一次登台的机会。

演唱大赛如期举行。当乌鸦登上舞台时，全场响起了"嘘嘘"的口哨声。乌鸦知道那是某些观众给自己喝倒彩。但乌鸦并没有让这些不好的情绪来影响自己，它心中只有一个念头，唱好自己的歌，向所有的权威人士证明，它们曾经对自己的拒绝，是一次多么大的错误。

当乌鸦一曲终了时，全场响起了热烈的、经久不息的掌声。猫头鹰、喜鹊等甚至跑上舞台，热烈地与它拥抱，祝贺它的演唱成功。

乌鸦经过自己的不懈努力，终于成了鸟类王国中与夜莺齐名的歌手。

点睛妙语

我们也应该像乌鸦一样，有勇气面对无情的拒绝，并抱定"没有永远的失败，只有暂时的不成功而已"的坚定信念，把挫折当成成功过程中一种必然的存在，并且去接受它，这样我们就能全面提升自己面对拒绝的勇气。

不要为自己的缺陷而苦恼

当小白兔第一次出现在动物王国的社交场所时，立即成了其他动物嘲笑的对象。因为小白兔有一条短得可怜的小尾巴。

一头黄牛朝小白兔走了过来，往它面前一站，神气地说："你这个小东西。看看我的尾巴吧，它既长又实用，还能够为我驱打苍蝇呢。"黄牛说完，便把尾巴猛地一甩，身上的苍蝇一哄而散，并有几只被打死在身上。

"好！"动物们都鼓起掌来。小白兔听后，只是平静地笑了笑。

"你的身材和我差不多，可咱俩的尾巴却太不一样了。"松鼠一下子跳到小白兔面前，卷起那条长长的、蓬松的尾巴不怀好意地说。

"是呀，你俩的尾巴相差太远了。如果不拿着放大镜仔细寻找，我们还真认为小白兔是没尾巴的小怪物呢。"狐狸说完，和松鼠一起开心地大笑起来。

小白兔在动物们的冷嘲热讽中依然保持着冷静，它始终未反驳任何人。

后来，动物王国与外星人发生了一场战争。外星人凭借自己的优势，团团包围了动物王国。在这关系到动物王国生死存亡的关键时刻，狮王命令黄牛、松鼠、小白兔三人突出重围，去向玉帝请求救兵。

三人领命，想趁着夜色冲出包围圈，谁知被外星人发现了。外星人拿着火把在后面拼命追赶。由于黄牛奔跑时，尾巴总是一甩一甩的，外星人便把火把掷向黄牛，黄牛的尾巴被火把点着了。它痛得在地上直打滚，就这样黄牛成了外星人的俘虏。

松鼠见状，边跑边想："天啊，我得赶紧找个地洞躲起来，不然我的尾巴也要着火了，还是先躲躲再说。"松鼠便一头钻进路旁的一个地洞中。

小白兔则不顾自身安危，任凭火把从自己身后呼呼地飞过来，仍继续向前奔跑。

"这下我可安全了。哼！让小白兔一个人见鬼去吧。"躲在地洞中的松鼠刚美滋滋地想到这里，却突然感觉到自己的尾巴一阵剧痛，原来外星人追上来时，发现了松鼠露在洞外的尾巴。就这样，松鼠丧命于那一直让它引以为豪的漂亮尾巴上。

外星人继续追赶小白兔，但始终就差那么一点点距离。于是，他们也想用火烧黄牛、松鼠尾巴的那招来置小白兔于死地。但他们却没想到小白兔的尾巴又短又小，不容易被火把点着。就这样，小白兔安全地逃出了外星人的包围圈，搬来了救兵，拯救了整个动物王国。

鉴于小白兔对动物王国的杰出贡献，狮王授予了它"英雄"称号，小白兔也受到了动物们的爱戴。

从那以后，似乎所有的动物都忘了小白兔有一条又短又丑陋的尾巴了。

点睛妙语

卡耐基曾经说过："一种缺陷，如果生在一个庸人身上，他会把它看作是一个千载难逢的借口，竭力利用它来偷懒、求恕、退缩。但如果生长在一个有作为的人身上，他不仅会用种种方法来将它克服，还会利用它干出一番不平凡的事业来。"

希望那些深为自己相貌不佳而苦恼、自卑的人，能从这句话中得到启迪，甩掉包袱，重新塑造一个美好的形象。

学会自我反省

森林里有只老猴子，每天都要在日落前在树上闭着眼，静坐十分钟，这个习惯几十年如一日，没有丝毫改变。

"师傅,你是在学人类中的和尚念经吗?"一只小猴问道。

"非也。"老猴子摇了摇头。

"那你一定是在想念在花果山当猴王的大儿子或是在外打擂台赛的拳王二儿子吧?"另一只小猴子说道。

"非也。"老猴子依旧摇了摇头。

"那你到底在想什么呢?"两只小猴子同时问道。

"在自我反省。"老猴子回答说。

"你又没做错什么事,干吗总是反省?"两只小猴子觉得更奇怪了。

"的确,我没做错什么,但我们是随着时间而成长的。不仅身体如此,心智也是如此。三年前,我认为只要大儿子当上了花果山的猴王,我就拥有了整个世界;一年前,我认为只要二儿子能当上拳王,我这一生就算没有白过;但今天,我觉得只有心境愉快,才是生命的最终意义。"

点睛妙语

如果人类能像老猴子那样,随时自我反省,就可以明白以往看待事物的观点是对是错。因为只有随时自我反省,才能剖析自己,正视自己,完善自己。

自嘲也能获得成功

在动物王国里,有一只叫乐乐的猩猩很喜欢唱歌。但乐乐天生长有两颗龅牙,为了掩饰自己的缺陷,乐乐每次登台演出时,都用手捂住自己的龅牙,结果严重影响了声音的质量。因此,乐乐被《动物王国早报》评为最不受欢迎的歌手。

受到打击后的乐乐既痛恨自己的龅牙却又无可奈何,只好终日借酒消愁,不想再唱歌了。

一天,潦倒的乐乐正在一棵大橡树下喝酒时,一只年老的猩猩走了过来,对他说:"孩子,长有龅牙的确是一件令人不愉快的事情,但你不妨把它当成自己的特殊标志而不必刻意去掩饰，你应该尽情地张开嘴巴。观众看到你真实大方的表情，我相信他们一定会喜欢你的。"

乐乐接受了老猩猩的忠告，不再为自己的龅牙而感到苦恼。它还为自己编了下面这首歌曲，作为每次登台演出的保留曲目：

"我是龅牙，我是龅牙，长了龅牙别害怕。龅牙可以刨地瓜，下雨可以遮下巴，喝茶可以隔茶渣，野餐可以当刀叉……你说龅牙是不是顶呱呱，顶呱呱。"

这首歌虽有自嘲之意，但歌词诙谐幽默，深受观众的喜爱。

从那以后，乐乐每次登台都尽情地张开嘴巴，发挥出自己的潜能与特长，终于成为动物王国里的一位大歌星。

点睛妙语

当你身上有了无法弥补的缺陷时，你不妨像乐乐一样，学会自嘲，因为自嘲是一种特殊的人生态度，它不但能给人们增添快乐，减少烦恼，还能帮助人们更清楚地认识真实的自己，从而战胜内心的自卑，并能最终获得精神上的满足和成功。

心中有鬼

小白兔去镇上赶集，傍晚回家时，它觉得肚子饿了，就在路旁的一个小摊上买了几个粽子，坐在那里狼吞虎咽地吃起来。

等小白兔吃完粽子后，天已完全黑了下来，它便起身匆匆往家赶。此时，路上已没有行人。小白兔心里不免有几分害怕。

忽然，小白兔听到身后有"哗啦啦"的响声，它更加害怕了，急忙加快了脚步。

不料，小白兔跑得越快，"哗啦啦"的响声就响得越急；小白兔赶紧放慢脚步，那响声也跟着慢了。

"天呀，我肯定是碰上鬼了。"小白兔这么一想，便吓得大哭起来。它边哭边跑，并大声喊道："有鬼呀，快救命啊！"

　　就这样，小白兔边哭边喊地跑回了家。

　　"孩子，你这是怎么了？瞧你，跑得满头是汗，而且还哭红了双眼。"兔妈妈问道。

　　"妈妈，有鬼！快……快关上门。"小白兔一进门，身子一软，便一屁股瘫坐在了地上。

　　不料这么一坐，"哗啦啦"地大响了一声，而且觉得屁股下有什么东西，小白兔吓得大叫道："妈妈，鬼就在我屁股底下，你快把它抓住。"

　　兔妈妈拿来蜡烛一看，原来是一片苇叶粘在小白兔的屁股上。

点睛妙语

　　人生也如此，很多时候，我们不是被敌人打败了，而是在未与对手交锋前，就被可怕的想象吓唬住了。其实，只要有一个健康的心态，就不会被可能发生的困难打倒。当你冷静、理智地面对困难时，就会发现：所谓的困难往往不堪一击，只要你勇敢地面对它，困难就会向你低头。

不能被自己打败

　　青蛙福福在游泳比赛中痛失冠军，它觉得自己无颜回去见父母，便跑到悬崖上，准备跳下去一死了之。

　　老鹰见了，对青蛙福福说："你不是被别人打败的，而是自己打败了自己！你怎么能因此就轻易地放弃生命呢？"

　　"可这样活着，实在是太痛苦了。"青蛙福福说。

　　"可是活着总比死了好！因为不管你死得如何痛快，但它代表的是现实的结束，包括'希望'的结束！虽然活得很痛苦，很没心情，很绝望，但总还有一线

'希望'，而如果一死，就什么都没有了。"

青蛙福福听完老鹰的话后，若有所悟，它平静地回到了家中。

三年后，青蛙福福在游泳大赛中果然力挫群雄，夺得了冠军。

点睛妙语

人与人之间的竞争是残酷的，人们只会向最后的胜利者献花，而绝不会向中途弃权的人致敬！你要做一个打败别人的胜利者，首先一定要做一个战胜自己的勇敢者。

抛弃自怜的念头

猫头鹰的父母曾因经常偷吃农夫的稻谷，而被玉帝处死。猫头鹰从小就生活在没有父母的阴影里，它觉得很悲哀。因为它有一对人人痛恨的小偷父母，从它出生后，就没有小伙伴愿意和它一起玩耍。

猫头鹰在孤独和自怜中，逐渐封闭了自己的心灵。它没有勇气白天出来在阳光下捕食，只有在夜晚，才敢飞出林子去捕食猎物。为了弥补父母的过错，它专门捕食田鼠，期望以此得到其他动物的谅解。但不管猫头鹰怎么努力，还是得不到其他动物的谅解。

一天晚上，猫头鹰捕食了几只田鼠后，飞回了树林。它一想到自己悲凉的身世和只能在黑暗中生活的现状，忍不住痛哭起来。

"孩子，你怎么哭得这么伤心？"一位过路的老者问它。

"由于我父母的过错，动物王国到现在还没人理睬我、接纳我，我不敢出现在有阳光的地方，我也没有勇气去参加动物王国的集体活动，我真是个可怜虫。"猫头鹰满眼含泪地说道。

"孩子，任何人都没法选择自己的出生，更没法选择自己的父母，但能选择过怎样的生活，不过其前提是你要抛弃自怜、自卑的心态。"老者说。

点睛妙语

我们对生活抱一种什么样的心态很重要，因为有什么样的态度，就会有什么样的人生。同样的道理，如果你自己不割掉自怜、自卑这个"毒瘤"，你的人生就永远是灰色的人生。

信心驾驭命运

有两只猴子决定去遥远的花果山朝拜美猴王。临行前，一只猴子准备了充足的水和食物，另一只猴子则两手空空，什么也没带。

"喂，老兄，此去花果山有万里之遥，你两手空空，怎么能走到呀？"准备了充足食物的猴子问道。

"老弟，我只是没带水和食物而已，谁说我两手空空？"

"你不是两手空空，那你还带了什么？"

"信心！在这里！"空着手的猴子用手拍了一下自己的胸脯。

"哈哈！信心？信心能当饭吃吗，能当水喝吗？"

"的确，信心不能当饭吃当水喝，但在关键时刻，它比饭和水更重要！"

一路上，带着食物的那只猴子饿了就吃，渴了就喝。在路程只走到一半时，它口袋中的食物就所剩无几了。因此，它开始变得忧心忡忡起来，甚至有了往回走的念头。

而另一只猴子呢，除了匆匆赶路之外，饿了就随便到附近村庄讨一口饭吃，渴了就在路边喝一口山泉，有时甚至是靠采集野果充饥。虽然如此，但它显得很快乐，并热切地期待着自己早一天到达花果山。

有一天，当带着食物的那只猴子发现口袋里最后的一个玉米棒子也被自己吞下肚子，且水壶里一滴水也不剩时，它的精神也随之彻底崩溃了。它疲惫地对另一只猴子说："老兄，咱们还是回去吧，这没有食物和水的日子可怎么过呀？"

"你可以像我一样，采食一些野果充饥。"

"我可不食野果子，太涩太苦；也不想喝生水，喝生水容易闹肚子。"

于是，两只猴子分手了。一只返回了家，而另一只则坚定地朝花果山走去。

若干年后，花果山上的老猴王退位，新继位的猴王回到了故乡省亲。当初半途返回的那只猴子发现，新猴王竟是当年那只与它同行，且两手空空的猴子。

"请问，你是怎么到了花果山的？又是怎么当上猴王的？"这只猴子急切地问猴王。

"信心！"猴王拍了一下当初同伴的肩膀，"这是我第二次用同一个答案回答你同一个问题了。"

点睛妙语

成功并没有捷径。除了努力之外，更重要的是要有信心。遇到难题，如果没有信心去解决它，反而一味懊恼、颓废，则注定要失败。

做自己命运的主人

在南海里生活着一只乌龟。

有一天，它决定去东海参加东海龟王为女儿举行的招亲比武大赛。乌龟有一身硬功夫，它早就听说龟公主有着倾国倾城的美貌，所以，这次去东海，它是志在必得。但这只乌龟天生就没有方向感，它从南海里爬出后，就不知该朝哪个方向走才能到达东海。于是，它便决定问路。

"兔老弟，你知道去东海应该朝哪个方向走吗？"乌龟见一只兔子从草丛里蹿出，赶忙上前问道。

"朝那个方向。"兔子回头见是曾在长跑赛中赢过自己的乌龟，不觉恨从心头起，故意指着西方对乌龟说。

"可是，我好像记得，小时候妈妈说太阳升起的地方才是东方啊。"乌龟迟疑地说。

"你看看，太阳不正挂在天边吗？"兔子指了指太阳对乌龟说。

"哦，太阳真的挂在那里，谢谢你。我知道东方了。"乌龟说完，便朝着太阳的方向爬去，却不曾想，当时已是黄昏。乌龟看到西边落山的太阳，就以为那边是东方了。

乌龟费力地爬呀爬呀，可第二天早晨，当它爬累了准备休息时，偶然一回头，却发现太阳高高地挂在身后的天空中。

"怎么两边都有太阳？我该怎么办？到底哪边是东方呢？"乌龟伤心地哭了起来。

"老弟。你哭什么呀？"一只狐狸正好路过，它听见了乌龟的哭声，便跑过来问道。

"我想去东方，可不知道应该朝哪个方向走。"乌龟说。

"嗨。这还不简单，太阳升起的地方就是东方，你迎着太阳升起的方向走准没错。"狐狸说完后就走了。

乌龟便转身朝着太阳升起的地方爬去。可刚爬了几步，它又停下了脚步，因为它又想起妈妈曾说过的一句话——"狐狸是狡猾的动物，你千万别听它的花言巧语"，于是，乌龟又开始往回爬。

爬了一段后，它开始怀疑起小白兔的话来，因为它记起那只兔子曾是自己手下的败将，说不定会借此机会来报复自己呢。乌龟又折回身子朝太阳升起的地方爬去，但一想起妈妈的话，它又怀疑起狐狸所说的话的真实性。

就这样，日子一天一天地过去了。乌龟仍在原地反复折腾，还是没有肯定到底哪边是去东海的方向，而这时，比武招亲的日期早已过去了。乌龟相思了很久的公主早已和他人成亲了。

点睛妙语

只有做自己命运的主人，把握自己人生的航向，坚定自己的信念，不被他人的言行左右，才能一步一步走向成功。

求人不如求己

佛教徒山羊走进庙里祈祷。当它跪在观音像前叩拜时,发现自己身边也有一个人跪在那里,正在虔诚地祈祷,那个人长得和观音一模一样。

佛教徒山羊忍不住问道:"你怎么这么像观音菩萨呢?"

"我就是观音。"那个人说。

"既然你自己是观音,那你为什么还要求拜自己呢?"

"因为我也有烦恼,也有难以解决的问题。"观音笑道,"然而我知道,求人不如求己。"

点睛妙语

只有自己才是命运真正的主人,当你把命运掌握在自己手中时,就有力量和勇气去战胜所面临的困境。

拥抱失败

蜗牛听说梧桐树上的凤凰产了一枚漂亮的蛋,便决定爬上去看个究竟。

当蜗牛背着沉重的壳,爬了两步时,脚下一滑,被重重地摔在了地上。蜗牛艰难地翻过身子,又朝梧桐树上爬去。

这次,它刚爬出五步,又突然往下滑了三步。蜗牛赶忙死死地抱住树干,擦了一把脸上的汗后,又继续往上爬。可它刚一挪动身子,又重重地摔到了地上。蜗牛翻过身子,再一次艰难地朝梧桐树上爬去……

"哈……哈……哈,你已失败了这么多次,再爬也不会成功的。"一只黄鹂鸟站在梧桐树的枝头上，嘲笑蜗牛道。

"不，我没有失败，因为我从未放弃过努力！"

"可是，你仍有掉下去的可能啊！"

"我知道我有可能再一次掉到地上，但我会爬起来，继续前进，直到成功为止！"蜗牛说完，又抱住树干，一步一步地往上爬去。

点睛妙语

生活中，如果不通过失误而变得聪明起来，不通过碰壁而摸索出正确的道路，不通过失败而磨炼自己的意志，那么，你就永远也不可能拥抱成功。

成功源于失败

动物王国的拳击训练馆里，狗熊已是连续三次输给老虎了。

"教练，我想放弃。我不可能成为一名优秀的拳击手了。"狗熊沮丧地对大象教练说。

"你先仔细地考虑一下，然后回答我的三个提问，最后再做出决定，行吗？"大象教练说。

"好，那你就问吧。"

"你第一次输在哪里？"

"我小看了老虎，过高地估计了自己的实力。"

"第二次呢？"

"我想投机取巧，不想被老虎识破了。"

"第三次呢？"

"我昨天受凉感冒，拉肚子，体力不支。"

"很好，你接连三次失败的原因，都不是因为你技不如人，而是客观原因。现在，你既然知道了失败的根源在哪里，就应该懂得如何避免了，为什么不再给自己一次机会呢?成功往往是最后一秒钟来访的客人啊!"

狗熊听了大象教练的话后,勒紧了腰带,再一次走上了训练场。果然,五个回合之后,它就轻松地打败了老虎。

点睛妙语

碰到坎坷,再加把劲,努力地投入一次,再给自己一次机会,成功可能就在不远处等着你!

成功的积累

山鹰这是第一百次向珠穆朗玛峰挑战了。它要在没有任何外援的情况下,独自飞越珠峰。山鹰这次虽然准备充分,但不幸的是,在就要飞越山顶时,它遇到了一股不稳定的气流,阻碍了它的正常飞行,并且它的翅膀上也开始结冰了。为了不因冻僵而掉进山谷,山鹰毅然选择了放弃。

山脚下,动物王国电视台的一位记者采访了山鹰。

"请问,你的第一百次飞行又以失败告终,你还有勇气进行下一次飞越吗?"记者问道。

"当然,我还要进行第一百零一次,第一百零二次,甚至更多次的飞行。我从不认为前一百次我是失败者,我把每次失败都当成一次成功的积累。比如这一次,我就知道了在山顶有一股不稳定的气流,下次飞行时,我就能避开它。"山鹰自信地说。

点睛妙语

失败带给你的并非全是负面的东西,它能给你以启迪。一个人要想成功,就要忍受失败的折磨,并从中吸取经验教训,从而在失败中锻炼自己,完善自己。

眼前的荣耀

一只关在笼中的母鸽用夸耀的表情对乌鸦说:"你看,我孵出的小鸽子真多啊!我是鸟类中的英雄母亲。"

"朋友,快快停止你的夸口吧!你的子女愈多,关在笼里的也就愈多,那么你的忧愁不是也就更多了吗?"

点睛妙语

在规划自己的人生时,你千万不要像这只母鸽一样,被眼前的荣耀所吸引,而忘了规划未来。其实,未来才是最重要的。

眼睛要看向远处

动物王国举行田径锦标赛,小鹿参加了跳远项目。可在预赛时,它怎么也跳不出心中理想的成绩,有时甚至跳得比兔子还近。

"教练,我该怎么办?"小鹿只好去向一旁的袋鼠教练请教。

"记住,你并非是技不如人。"袋鼠教练指着前方,"跳远的时候,眼睛要看着远处,你才会跳得更远。"

点睛妙语

眼睛所看着的地方,就是你会达到的地方。只有确立远大的目标,才会有强大的动力,才能最大程度发挥出一个人潜在的能力。

得不到的花生

磨坊里，主人为了让驴子一心一意地推磨，便用一块布蒙住了驴子的双眼，让它看不到周围的景物，然后又把一些香喷喷的花生酱抹在它的鼻子上面。这头驴子闻到香味以后，以为前面有一大堆花生在等着它，便拼命地、不停地往前走，并且每当它往前走一步时，就以为自己更接近目标了。

"喂，驴老哥，你前面什么东西都没有，你何苦如此卖力呢？"一只苍蝇见了，对驴喊道。

"不，有花生，我闻到它的香味了。"驴欢快地回答说。

可是，直到驴老得走不动的那一天，它也没有得到花生。

点睛妙语

一个人要确立奋斗的目标，一定要根据自己的实际情况来定，切忌像那头驴子一样，追逐那个永远也得不到的花生，到头来却是两手空空。

不能空手而归

花果山上，猴爸爸把儿子们叫到身边说："从今天开始，你们得独立外出觅食了。为了让你们得到充分的锻炼，你们必须走得远一点，到终南山上去觅食。"

小猴子们都欢呼雀跃起来。它们纷纷背上竹筐，朝终南山赶去。可快到终南山时，它们发现架在山涧中的独木桥断了，而那是去终南山的唯一通道。

小猴子们只有空着手，沮丧地回到了家里。

"你们的弟弟呢?"猴爸爸见其他的儿子都空手而归,唯独不见了最小的儿子,便生气地问。

"不知道!"众小猴齐声说。

过了一会儿,那只小猴子回来了。与众猴不同的是,它回来时背上还背着一捆柴。

"你怎么现在才回家?你知道我和你妈妈有多担心吗?"猴爸爸责怪小儿子道。

"爸爸,我见过不了桥,无法到终南山上采水果,便在山脚下打了一捆柴带回家,我不想让自己两手空空地回家。"

后来,最小的小猴成了花果山上的猴王。

点睛妙语

当我们竭尽全力,还是因为不可抗拒的因素而无法实现人生的目标时,千万不要轻言放弃,让自己碌碌无为,空手而归。既然没有大作为,也可从一些小事做起,而这些小事,往往也是你今后成就大事的契机。

争取到最后关头

一位猎人捕捉到了一头狮子后,便把它关进了一个铁笼子里。

狮子为了逃出铁笼,便不停地在笼子里走来走去。一只苍蝇见了,问道:"大王,你走来走去干什么呢?"

"我在琢磨逃出去的方法。"但铁笼子实在是太坚实了,无论狮子用什么方法,都不能打开它。狮子只好躺下来休息,偶尔也起来走动一下。

"大王,你现在又在做什么呢?"苍蝇问。

"哦,我在休息呀!"狮子平静地说,"我找不到出路,所以只好躺下来休息,等待机会。"

"猎人正在磨刀擦枪，准备打死你，你知道吗？"苍蝇又问。

"是的，我当然知道。我始终清楚我在做什么，想什么！"说完，狮子又站了起来，准备活动活动筋骨。

正在这时，猎人提着一把刀走了过来。他想狮子被关在笼子里很久了，肯定对活着不再抱有任何希望，而自己只要打开笼子的门，就能进去轻而易举地杀掉它。

然而，就在猎人打开门的一瞬间，狮子猛地冲到门边并撞开了门。在猎人还未反应过来时，狮子已逃走了。

点睛妙语

即使身处逆境，也不要对自己有一丝一毫的放松，而应保持清醒的头脑并做好周密的计划，当机会来临时，才能牢牢抓住，从而使自己摆脱厄运。

明确的目标

狮子带着三个儿子去捕食羚羊。狮子问大儿子："你看到了什么？"

"父亲，我看到了你们，羚羊，草原。还有偶尔穿过的野兔。"大儿子回答说。

狮子点了点头，接着问老二说："你看到了什么呢？"

"父亲，我看到了草原，羚羊。"老二回答说。

狮子仍然只是点了点头，又接着问老三说："你又看到了什么呢？"

"父亲，我只看到了羚羊。"老三回答说。

"孩子，你答对了。你一定会成为一位出色的猎手！"狮子高兴地说。

点睛妙语

要想让目标产生效果,"明确"二字是关键,合理的目标必须是明确而具体的。生活中有不少人,有些甚至是非常出色的人,就是由于确定的目标不明确、不具体而一事无成。

三心二意的结果

森林里,饥饿的老虎发现了一只兔子,便不顾一切地扑了上去,兔子躲闪不及,一下被老虎逮了个正着。

就在老虎准备咬死兔子,用它来充饥时,一头小鹿刚好从森林里经过。

"那头小鹿是那么的肥壮,抓住它,就足够我美餐一顿了。这只兔子又瘦又小,也就够塞塞我的牙缝而已。"一想到这里,老虎便松开爪子,追赶小鹿去了。

小鹿见敌人追来,便不顾一切地往前猛跑,老虎在后面拼命地追。追了一段时间后,老虎因饥饿,早已体力不支。眼看着小鹿与自己的距离越来越远,老虎只好放弃追赶,而返身去寻找刚才那只兔子,但兔子早已逃得没了踪影。

饥饿的老虎最后什么也没有得到。

点睛妙语

生活中,有一些人之所以没有什么成就,原因之一就是经常确立目标,也经常变换目标。

到手的猎物

一只麻雀在田头歌唱,一只饥饿的老鹰发现了它,便突然从空中俯冲而下,一把把麻雀抓住了。

"先生,请放掉我,饶我一命吧!"麻雀哀求道,"你看我是多么瘦小啊,根本就不能填饱你的肚皮,你还不如去村庄里抓只鸡,就能饱餐一顿了。"

"少废话!如果我去追求那些看不到的,而放掉已到手的猎物,岂不是天下第一笨蛋?"

点睛妙语

> 老鹰的话,值得我们人类琢磨。虽然理想远大,但不知何时才能实现,所以,还不如一步一步扎扎实实地从小事做起。如果连小事都做不好,你就有可能一事无成。

一心不能二用

一天,猴教授的学生黑熊问它:"老师,我毕业后是去当演讲家,还是去研究哲学?"

猴教授没有立即回答黑熊的提问,它指了指面前的两把椅子,说:"你同时坐上去吧。"

黑熊照老师的话去做了,结果却坐到了地上。

"老师,我明白了。"黑熊从地上爬起来后,朝猴教授深深地鞠了一躬说。

点睛妙语

一心不能二用。如果你想同时做两件事，可能两件事都无法成。认定一个目标，抓住不放，你才会有所收获。

小毛病容易酿成大错

一天，在大海中，一条巨大的鲨鱼发现了一只小鳄鱼，便猛地向它冲去，想吃掉它。

"先生，请放弃你的贪念吧，要知道，你根本吃不了我。"小鳄鱼对大鲨鱼说。

"呸，死到临头了还嘴硬！"大鲨鱼根本不理会小鳄鱼的劝告，它张开大嘴，一下就把小鳄鱼吞进了肚中。然而，大鲨鱼没有想到的是，小鳄鱼的外皮很结实，浑身长满了尖锐的刺。当鲨鱼把它吞进肚中后，小鳄鱼就缩成了一个小刺球，用身上的刺一边到处乱刺乱扎，一边啃食鲨鱼的内脏，鲨鱼虽然疼痛难忍，却奈何不了小鳄鱼，只好听之任之，最后一命呜呼！

点睛妙语

当重大轻小的思想在我们头脑中留下烙印时，我们常会跌倒在自己的小缺点上。就像文中小鳄鱼最终让大鲨鱼毙命那样，我们的小缺点就如小鳄鱼，它会以自己独特的方式吞噬我们心中的大目标。所以，针对自身的小缺点，我们应该警惕，并加以改正，才不会重蹈鲨鱼的覆辙。

错误寻找

夜晚，狐狸在自己的洞里四处搜索着什么。

老鼠见了，问道："老哥，你在寻找什么呢？"

"我刚才丢了一只鸡腿。"狐狸懊恼地说。

"哦。你确定自己把它丢在洞里了吗？"

"不是的，我把它丢在洞外的草丛里了。"

"那你为什么不到外面的草丛里去找呢？"

"唉，草丛里没有灯光啊！"

点睛妙语

在错误的地方寻找自己想要的东西，这样的结局只有一个：不管你怎样努力，最终都会两手空空。

谁去挂铃铛

夜里，所有的老鼠一起开会，想找出一个最好的办法，以便在它们的大敌猫到来之前，大家能有所防备。

会议结束时，大家一致认为最好的方法是在猫的脖子上挂一个铃铛。那么猫来到的时候，老鼠们一听到铃声，就可以迅速地躲到洞里。但是当鼠王问谁愿意去挂铃铛时，会场顿时鸦雀无声，没有一只老鼠敢去做这件事。

点睛妙语

制定目标时，无论是大还是小，都要务实，要具有较强的操作性和可行性。否则，再完美的目标也只是空中楼阁，根本无法实现。

成功从小事着手

猴经理想重用刚从动物商学院毕业的金丝猴，原因是金丝猴虽然刚开始工作，但它很快就掌握了业务知识，工作也格外努力，在待人接物方面也彬彬有礼。猴经理感觉它很有前途，是个可塑之才。因此，决定让它当自己的助手。

就在猴经理准备在公司大会上宣布这个决定的前几天，猴经理偶尔走在金丝猴后面，看到它有意将掉在办公室地上的纸屑踢向一边，而不是捡起来扔进垃圾桶里。这可是举手之劳啊！后来，猴经理一连好几天都特地留意起金丝猴来。它发现，金丝猴每次洗完手后也不把水龙头拧紧，结果水流了一地。

于是，猴经理很快做出决定，打消了由金丝猴当自己助手的念头。因为在猴经理眼里，这样一个连起码的日常准则都无法自觉遵守的人，又怎么能成为一名出色的助手呢？又怎么能对自己和公司高度负责呢？

点睛妙语

很多人都想干大事，却不知道每一件成功的大事，都是由许多小事累积而成的。小事是对自己综合素质最真实的考察，也是个性区别于他人的地方。如果你想获得更多的发展机会，就不要忽略这些小事，要让自己养成从小事做起的习惯。

学会主动出击

山羊老师在一所学校里任教导主任已有五个年头了。眼看老校长就要退休了，可还没有把"权力棒"交给山羊主任的意思。山羊主任想："我工作勤奋，教学成绩有目共睹，平时主动协助校长工作，与其他教职工的关系也很融洽，可老校长为什么还迟迟不表态呢？"带着自己的满腔疑问，山羊主任决定向智慧老人请教。

"你必须主动出击，仅靠消极等待是不可取的。在关键时刻，你可以积极主动地向校长提出你的要求。"智慧老人说。

"可是，这样的要求我很难说出口。我担心老校长认为我有点不知天高地厚。"

"你的担心有道理。"智慧老人接过山羊主任的话，"因此，你一定要掌握好方法和技巧，以最小的力气达到自己的目的。第一，假如你在学校有着举足轻重的地位，用辞职不干的方法就可能让你达到升职的目的。但如果你工作成绩平平，就不能轻易使用这种手段。如果这时你使出这一招，说不定刚好符合老校长的心意，它会立马让你走人。因此只有当你拥有一份待遇更好的工作时，才适合用这一招。第二，直接在校长面前陈述自己的功劳，你可以把自己的工作成绩列在纸上，直接面呈给校长，以非常诚恳和迫切的态度，坦荡直接地提出你的要求。"

山羊主任按照智慧老人的话去做了。两个月后，老校长在退下来之前，宣布由山羊主任接替自己的职务。

点睛妙语

升迁是我们每一个打拼的人所期望的，但要想有所作为，在升迁路上就要讲究一些方法和技巧，否则，便会升迁无门。

不要太看重眼前利益

昆虫王国里，小蜜蜂和马蜂同时毕业于某高等建筑院校。当它俩拿着档案准备去以前早就联系好的一家建筑公司上班时，恰好碰上昆虫王国最知名的世纪建筑公司来招聘员工。由于这家公司有较高的知名度，待遇也较高，小蜜蜂和马蜂便放弃了原先联系好的那家建筑公司，而投奔到世纪建筑公司。

到公司的头两个月，世纪公司兑现了招聘时的工资待遇，因此小蜜蜂工作起来格外卖劲儿。但没料到昆虫王国内整个建筑业出现滑坡，世纪建筑公司由于承包的项目太多，公司的流动资金开始周转不畅。在此情况下，公司对小蜜蜂和马蜂等几个新招聘的员工实行了减薪。

小蜜蜂对此十分不满，于是它去质询主管财务的黑蜘蛛。黑蜘蛛解释说："这是经过公司董事会研究后决定的，因为企业大盘效益下降，全公司员工的利益现在都与大盘相连。你们这些新来的员工的工资也应该和大盘挂钩。"

"但是，当初招聘时，你们不是这么说的！"

"情况是在随时变化的，那会儿是那会儿，现在是现在。"黑蜘蛛说完，一脸的不耐烦，它甚至在心里想："刚加入公司就这么斤斤计较，简直是太过分了！"

但小蜜蜂认为降薪即是公司欺骗了它。因此，便偷偷到外面与另一家公司联系好后，回到办公室便递交了辞呈，决定炒世纪建筑公司的鱿鱼，跳槽走人。

公司接到小蜜蜂的辞呈后，极力挽留，毕竟在公司看来，小蜜蜂还是个有才气很能干的人。无奈小蜜蜂去意已定，它毫不留恋地离开了世纪建筑公司。

半年后，令小蜜蜂意想不到的是，世纪建筑公司在激烈的市场竞争中逐渐得势，企业的效益又迅速回升了。留在那里的马蜂的工资待遇也得到了大幅提高，还被公司高层任命为某项目部经理。而小蜜蜂现在所在的这家公司，却因经营不善而效益不佳。而且经理老狐狸嫉贤妒能，害怕小蜜蜂威胁到自己的位置，干脆一纸调令，将小蜜蜂调到了资料室，去当一个可有可无的资料员了。

> **点睛妙语**
>
> 生活中，见异思迁、过分追求眼前利益的人容易摔跟头。

对所干的事要充满热爱

鸟儿国里，最有名的东方歌唱团团长夜莺决定对全团做一次大的人事变动。当夜莺团长宣布乌鸦为副团长时，所有的鸟儿们都惊呆了。

"请问，您为什么选择乌鸦而不是呼声很高的百灵鸟呢？"《鸟儿国早报》的记者麻雀采访夜莺团长时问道。

"如果单从音质上讲，百灵鸟要比乌鸦略胜一筹，但乌鸦却更热爱歌唱团。自从进团以后，乌鸦一直以极大的热情全心全意地工作，即使有时让它整理舞台，或打扫卫生，它也干得兴致勃勃。我没有理由不把如此敬业、爱业、勤业的员工提拔到副团长的位置上。"

> **点睛妙语**
>
> 干一行，爱一行，热爱自己的本职工作，这绝不是一句空洞的口号。当你真的抱着这种观念，并让这种观念去支撑行动时，你就会像乌鸦一样，离收获成功也就不远了。

细微之处的坚持

玉帝来到百兽中间，决定挑选一只动物为兽王。狮子、老虎、猴子、大象，甚至青蛙等都来到玉帝的宫殿外，恭恭敬敬地跪拜，准备伺机毛遂自荐。

第一天，玉帝只顾在宫殿中和太白金星下棋、饮酒，一直都未曾理睬那些等候在宫殿外的动物们。

日头快偏西了，百兽们见玉帝还没召见自己，一个个心里都着急起来。它们已跪了整整一天了，现在一个个都口干舌燥，双腿又痛又麻。当星星挂上天空时，猴子最先无法忍受了，它一会儿抓抓耳，一会儿挠挠腮，左顾右盼起来。又过了一会儿，猴子见玉帝还没有动静，便干脆站了起来，拍拍身上的泥土，回家吃香蕉去了。

"看来今天是没戏了，玉帝不会出来召见咱们了。我还是明天再来吧。"青蛙低低地咕噜了一声，也纵身跳进旁边的池塘，痛痛快快地洗起澡来。

"唉，我娘子还在家等我呢，我可不能再跪了。"老虎一拍屁股，回自己的山洞里去了。

"真累啊，我就是在山上运木头也没这么累过。累死我了，明天再来吧。"大象一甩长鼻子，也从地上爬了起来，踱着方步回了家。

当启明星升起时，宫殿外只有狮子还在虔诚地跪着。

天亮了，当其他动物在家里休息好后，又陆陆续续地前来跪拜时，宫殿的门开了，只见太白金星手捧圣旨，大声宣读起来：

"今特封狮子为百兽之王，统领天下众兽。"

"为什么选择狮子？论身材，我比它高大壮实得多啊！"大象愤愤不平地叫嚷道。

"对，凭什么选择狮子？论智慧，我比他强多了，我有勇有谋……"就在老虎的话音还未落时，玉帝从宫殿里走了出来。

"你们不是想知道我为什么选择狮子为你们的大王吗？那你们就听听我的解释吧。"玉帝的话音刚落，百兽们便安静了下来。

"昨天，我没有召见你们，是想考察一下你们。当你们跪在门外时，我边和太白金星下棋，边透过门缝暗中观察你们的一举一动，结果只有狮子的表现令我满意，它不但自始至终跪着，而且脸上悠然自得，毫无焦躁之容，所以兽王非它莫属！"

点睛妙语

见微知著，一个人的胸怀、风范、气度，常可以从他的日常生活中表现出来。所以，只要你从细微之处着手，注重自己的个人修养，就能在工作中、生活中有良好的表观。

小钱当珍惜

猴子每天都提着一个桶，走街串巷地卖冰棍，其实，一根冰棍只赚五分钱，这在很多人眼里都是微不足道的，但猴子却干得很起劲儿，那五分钱在它眼里犹如一枚枚小金币一样珍贵。

一天，野猪对正在卖冰棍的猴子说："跟我走吧，我听说珍珠在南方很值钱，贩卖一颗就能赚好几个金币，抵得上你卖一辈子的冰棍。"

"谢谢你的好意，我现在的资金只够我卖冰棍，每支冰棍虽然只能赚五分钱，但我能从卖冰棍中学到很多做生意的经验，所以，我暂时还不能离开这个行当。"猴子谢绝了野猪的盛情邀请。

"好吧，以后我发了大财，你看了可别眼红，也别怨我没拉你入伙！"野猪说完，独自去南方做珍珠生意去了。

若干年后，猴子以特邀嘉宾的身份，去南方出席该年度最佳 CEO 的峰会。刚下飞机，便有一个机场小时工走了过来，说："如果你愿意，只需付五元钱的小费，我就可以帮你把行李送到目的地。"

"哦，不用了，待会儿有专车来接我。"猴子客气地谢绝后，待那小时工正转身时，猴子发现它就是当年来南方做珍珠生意的野猪。

点睛妙语

即使你有赚大钱的美好愿望，也要脚踏实地，一步一步地努力才行。那些把赚五分钱不放在眼里，而想一步就能登天的人，往往会落得个最后连赚小钱都要靠出卖体力来争取的下场。

金子与石块

有一只豪猪把自己的全部家当都卖掉后，换了一大块金子。为了保证金子的安全，豪猪决定把它埋在一个山洞里。可金子埋进去后，豪猪还是不放心，便每晚都去偷偷看一眼。

终于，豪猪的秘密被一只游手好闲的狐狸发现了。在一个月黑风高的夜晚，狐狸偷走了豪猪埋在山洞里的那一块金子。

第二天，豪猪发现金块被人偷走后，忍不住号啕大哭。邻居山猪知道了豪猪大哭的原因后，便说："你用不着如此悲痛，你只要拿一块石头，仍旧当作是那块金子，把它放在洞里就行了，它对你是完全一样的。金子在那里的时候，你丝毫没有用它，那么石块和金子也就没有什么区别了。"

点睛妙语

金钱只有在使用、流通的过程中，才能发挥它最大的价值，才能创造更多的财富。

靠自己的双手而生存

大街上，一头小香猪背着竹筐，靠捡破烂为生。

"喂，跟我走吧。只要你肯安静地待在我家里，我就会让仆人每天给你洗澡，为你准备丰盛的食物。"一位绅士模样的中年人对小香猪说。

"然后，你就为我拴上绳子，系在某一个柱子上，再向你的朋友们炫耀我是你如何如何忠实的宠物。对吧，先生？"小香猪说完，背起自己的竹筐，不再理睬那位绅士。

"你这个不知天高地厚的家伙，我的主人可是伯爵，跟着他，你将有享之不尽的荣华富贵……"紧跟在绅士屁股后的一只哈巴狗对小香猪说。

"还可以啃他吃剩的骨头，是不是？"小香猪打断了哈巴狗的话。

"难道你一辈子就靠捡破烂为生？这可是一种最低贱的工作呀！"小哈巴狗嘲笑道。

"小香猪通过自己的辛勤劳动来养活自己，它比某些依赖他人才能生存的人要高尚得多。"一位过路的老者说。

点睛妙语

工作没有高低贵贱之分，通过自己的辛勤劳动来养活自己的人，永远都值得他人尊重。而过着不劳而获的生活的人，即使过着看似体面的生活，也是可卑的。

懂得摆正自己的位置

一次,狮王不幸落进了猎人的罗网里。

一只老鼠刚好路过,见状便上前咬断了罗网的绳索。狮王得救了,为此他非常感谢这只老鼠。

"你救了我的命,为了表达我的谢意,我要马上封你为御前大将军,将来率领众兽与外星人决一死战。"

"不,尊敬的狮王,我不想当什么御前大将军。"老鼠拒绝了狮王的好意。

"难道你对这个职位不满意吗?要知道就在昨天,老虎和大象为争这个位置,还大打出手呢!"

"不,因为我了解自己的能力:我最大的本领,就是会打地洞,偷人类一点儿食物而已。如果你现在提升我,但我不具备统率千军万马的资本,这样反而会坏了你的大事。因为连一只猫我都对付不了,更何况是他们的主人。"老鼠说完,就忙着打自己的洞穴去了。

点睛妙语

要想把自己摆在人生最合适的位置上,就得依自己的特长而做出选择,这样才能充分发挥自己的才能。

恰到好处地表现自己

一位财主养了两只鹦鹉,并让它们住在一模一样的金丝笼子里,喂一样的饲料，喝一样的水，而且，花费同等的精力来教它们说话。不久之后，两只鹦鹉都会说话了，但其中一只只喜欢在深夜里开口。

某天，财主宴请亲朋好友。正在大家把酒畅谈之际，一只鹦鹉开口说道："恭喜大家发财，祝大家长命百岁。"财主和客人们一听，都开心不已。于是，大家便把注意力都放到了这只说话的鹦鹉身上。主人甚为得意。忙向大家介绍起这只鹦鹉的品种、特性等，并一再向客人强调，另一只鹦鹉也会说话。

于是，客人们又纷纷围着另一只鹦鹉打转，希望能听到它美妙的祝福，却不曾想：那只鹦鹉却只顾低头吃着自己的食物，对客人连正眼都不瞧一下。客人们觉得很扫兴，主人也觉得没面子，便逐渐开始冷落了那只鹦鹉，并把它换到了一个竹笼里，每日只给少量水和食物。

某天深夜，受冷落的鹦鹉开口对另一只鹦鹉说："唉，我的命真苦，我和你一样会说话，可我们的命运竟相差如此之大！你就像生活在天堂中，每日吃好的喝好的，还得到了主人全部的宠爱。可我呢？整个儿生活在地狱之中，缺吃少喝的不说，还终日挨主人的白眼。"

"这能怪谁呢？都得怪你自己。的确，你也会讲话，并且声音比我的动听百倍，但那有什么用呢？你只在晚上才肯开口。要知道，那时主人已进入了梦乡，没有人欣赏你动听的话语。因此，即使你说得再动听，也无济于事。而我，说的话虽不多，但都是在关键时刻开口的，所以，我们今天的境遇才如此不同。"

点睛妙语

在特定的时间、特定的地点，恰到好处地表现自己，才能被人赏识，被人承认，从而才能更好地发挥自己的特长，最终实现人生的梦想。

专 注 力

　　教堂里，一名教徒虔诚地在做祷告。此时，一名清洁工心慌意乱地跑来，焦急地寻找她走失的孩子。

　　由于着急，清洁工没有注意到跪在地上祷告的教徒，结果在他身上绊了一跤。清洁工爬起来后，连道歉都未说，就继续去寻找孩子了。

　　教徒被清洁工踩了一脚后，心中大为恼火。就在他祷告完时，清洁工已找到了自己的孩子，正高高兴兴地走回来。

　　教徒见了清洁工后，生气地说："站住！我刚才正在做祷告，可你却跑过来并踩了我一脚，你居然没有表示任何歉意。"

　　"对不起！刚才我一心想着孩子的安危，所以没有注意到你在那里。当时，你不是正在那里祷告吗？你所祷告的对象，不是远比我的孩子还要珍贵千万倍吗？你怎么还会注意到我呢？"清洁工说。

　　教徒听后，羞愧地走了。

点睛妙语

　　做事能不能成功，其关键是要看你自己有没有专注力。如果因自己不专心而导致失败，反而把责任推向别人，这样的人永远也无法走向成功。

三年为一日

　　动物王国要举行演讲比赛。小象在妈妈的鼓励下，也去报了名。

　　轮到小象上场时，它的声音突然变得微弱，并且整个身子在不停地颤抖，那样子好像不是站在演讲台上，倒像是站在绞刑架前一样。听众嘘声四起，把小象轰下了演讲台。

但小象并没有气馁。

"今后我绝不做没有准备的演讲。"小象对自己发誓说。从那以后，小象便抓紧时间练习。它大声地对着山上的松涛演讲，来训练声音；它在晃动的火把下练习演讲，以训练勇气；它把松果含在口中，来消除口吃。这样的练习，小象一直坚持了三年。

在后来的演讲中，小象仿佛变成了另一个人似的，它的声调铿锵，感情真挚动人。小象成了最受听众喜欢的演讲大师。

当小象成名后，曾有记者问它："你是靠什么一举成名的？"

"表面上看我是一举成名的，但我是花了三年的时间才得此'一举'的。"小象坦诚地对记者说。

点睛妙语

凡事都要做好万全的准备。没有准备，两手空空、匆匆忙忙地上"战场"，这样的人，注定是失败者。

做事要一心一意

禅房里，孙悟空问唐僧："师父，什么是禅？"

"禅就是走路的时候走路，吃饭的时候吃饭，念经的时候念经，睡觉的时候睡觉。"唐僧双手合十，认真地对孙悟空说。

"师父，这太简单了！"孙悟空不相信似的挠了挠耳朵。

"没错，可是很少有人做得到。"唐僧说完，不再理会孙悟空的唠叨。

点睛妙语

　　如果手里做着一件事，心里又想着另外一件事，这样就会因注意力不集中而产生失误。一心一意做好一件事，方可为成功打下坚实的基础。

眼　　界

　　猴子应骆驼之邀到沙漠里做了一次旅行。回来后，有动物问猴子沙漠里的一些具体情况。猴子想了想说："沙漠里全是沙子，脚下踏的是沙子，天空中飘舞着的也是沙子。"

　　猴子说的并没有错，但它所注意的只是这些，其他的或许都忽略了。

　　这就是眼界。

点睛妙语

　　其实沙漠里也有生机，有仙人掌、胡杨木，夜晚的天空也有璀璨的星星，而这一切，都被猴子忽略了。眼界决定了一个人的价值取向。打开了眼界，自然也就打开了心胸。

找准相比较的对象

　　"哼，本是同根生，为什么它能继承王位，而我只能做一头普通的狮子？"小狮子冬冬因为父王刚立了大哥春春为太子，心里极为不满。它跑到老山羊那里，向它诉说着自己的委屈和不满。

　　老山羊刚好从地里刨了一筐土豆回家。它听了狮子冬冬的话后，从筐里拣出一个又小又青的土豆对它说:"你知道这样的土豆在集市上卖多少钱一斤吗?"

小狮子冬冬看后,摇了摇头。

"这种土豆皮多肉少又有毒,你就是白送我也不要!"老山羊说完,把那个又青又小的土豆扔进了垃圾桶里。

然后,老山羊又从筐里拿出一个很大而且皮未破的土豆说:"你知道这样的土豆多少钱一斤吗?"

小狮子看后,仍旧摇了摇头。

"这样的土豆一块钱一斤。在集市上有多少就能卖多少。"老山羊说完,拍了一下小狮子的肩膀,"孩子,记住!土豆和土豆也有不一样的!"

点睛妙语

人与人相比,重要的是看和谁比:与上比,才能激发上进心;与下比,不是自傲,就是自满。所以,找准相比的对象,才能找到人生追求的新高点。

人贵有自知之明

一天,狮王在海边散步,它身后跟着大臣狐狸。狐狸为了讨好狮王,便不停地用阿谀谄媚的口气,直夸狮王的权力有多大,影响是如何如何的广。

狮王平静地听了好半天,见狐狸还在喋喋不休地继续称赞,便转身面向大海说:"海浪啊,我是你的统治者,我有至高无上的权力,我现在命令你停止前进,以免弄湿了我的脚。"

但是,海浪丝毫没有停止,仍旧一浪接一浪地袭来,并且打湿了狮王的脚。

狮王转身斥责狐狸道:"你看,这海浪并不听我的命令,可见我的权力也和其他人一样有局限。快闭上你的嘴巴吧!我清楚我自己,知道自己与其他狮子一样普通,只不过是头顶上比它们多了一顶我父王留下的王冠而已。"

点睛妙语

　　有自知之明的人才是真正的聪明人。因为他们在看清自己的同时，也擦亮了双眼看周围的人和环境。所以他们能心如明镜，洞悉人间的一切险恶，并能规避各种风险。

认识到自身的缺陷

　　冬天到了，一只刺猬冻得瑟瑟发抖。

　　路过的小野猪见了，说："你既然感觉到冷，为什么不去和小白兔为伴呢？你俩挤在一个窝里，互相依靠着对方，身体很快就会暖和起来。"

　　"谢谢你的关怀，亲爱的小野猪先生。可是如果那样，我身上那些坚硬的刺就会刺伤了小白兔，那样，我就失去了它的友情。我宁可挨冻，也不能去伤害自己的朋友。"

　　"哦，很多人都认为你身上长的刺是你的优点，可以用来自我保护。但你却能清楚地看到它的缺陷，并因此而懂得如何去规避。刺猬先生，你真了不起！"小野猪说完，便在山脚下避风的地方，帮刺猬拱了一个洞。刺猬钻进那个洞后，安然地度过了冬天。

点睛妙语

　　一个人只有认识自己，把握自己，征服自己，才能获得他人的尊重和友谊。

上帝是公平的

野兔常因自己身体弱小,捕不到猎物而挨饿,因此总是抱怨上苍对自己的不公。它非常羡慕狮子拥有高大威武的身躯和无比的力量,能够征服许多动物而顿顿饱享美餐。

一天,当野兔亲眼见到狮子被一只蚊子打败而沮丧至极的模样时,便很快改变了自己的想法,开始同情起狮子来。

点睛妙语

这只野兔是悲哀的,它因为盲目羡慕狮子而苦恼;这只野兔又是聪明的,因为它通过观察随时调整自己的看法。人类也常如这只野兔,因一味羡慕别人,而忘了享受自己的快乐;人类有时还不如这只野兔,因为他们一旦羡慕别人的幸运后,便一辈子生活在抱怨和眼泪中,彻底地与快乐诀别。

其实,福祸总相依,是福是祸,全凭你自己看待问题的态度而定。

虫 的 蜕 变

有三只毛毛虫,从很远的地方爬来。它们准备渡河,到一个开满鲜花的地方去。一只毛毛虫说:"我们必须先找到桥,然后从桥上爬过去,只有这样,我们才能抢在别人的前头,占领含蜜最多的花朵。"

另一只说:"在这荒郊野外,哪里有桥?我们还是各造一条船,从水上漂过去,只有这样,我们才能尽快到达对岸,喝到更多的蜜。"

剩下的一只说:"我们走了那么多的路,已经疲惫不堪了,现在应该静下来休息两天。"

另外两只很诧异。休息？简直是笑话！没看到对岸花丛中的蜜都快被人喝光了吗？我们一路风风火火，马不停蹄，难道是来这儿睡觉的？

要休息的毛毛虫爬上最高的一棵树，找了片叶子躺下来。河里的流水声如音乐一般动听，树叶在微风吹拂下如婴儿的摇篮，很快这只毛毛虫就睡着了。

不知过了多久，也不知自己在睡梦中到底做了些什么。一觉醒来，这只可爱的毛毛虫发现自己变成了一只美丽的蝴蝶。翅膀是那样美丽，那样轻盈，仅扇动了几下，就飞过了河。此时，这儿的花开得正艳，每个花苞里都是香甜的蜜。它很想找到两个伙伴，可是飞遍所有的花丛都没找到，因为它的伙伴一个累死在了路上，另一个被河水送进了大海。

点睛妙语

在这个世界上，没有什么比顺其自然更具有力量，没有什么比顺应本性更具有魔力。这样的道理，在充满竞争的社会里，并不是每一个人都明白的。

骆驼和商人

这是一个流传甚广的故事。

有一个巴比伦商人赶着他的骆驼去远方的某个地方做生意。一个晚上，天气十分寒冷，商人支起帐篷，蜷缩在里边。帐篷外的骆驼冻得受不了了，就把头伸进帐篷，请求主人让它把头放进帐篷中取暖，商人答应了。

过了一会儿，骆驼觉得头虽然暖和了，但脖子冷得不行，就把脖子也伸了进来；又过了一会儿，它把第一个驼峰也挪了进来；再过一会儿，骆驼觉得留在外边的部分更冷了，就一点一点地往里挪，最后，骆驼占据了整个帐篷，把商人挤到了外边。

这个可怜的商人就这样在帐篷外冻死了。

点睛妙语

做好人也要分清场合，看清对象，对于那些贪婪卑劣的人，是不能轻易帮忙的。

雨中的小贩

从早晨起就大雨滂沱，路边几个叫卖食品的小贩一直没有生意。

快到中午，卖烤饼的大概是饿了，就吃了一块自己烤的饼——他已烤好一大沓，反正也卖不出去。

卖西瓜的坐着无聊，也就敲开一个西瓜来吃。

卖辣香干的开始吃辣香干。

卖杨梅的也只好吃杨梅了。

雨一直下着，四个小贩一直这样吃着。卖杨梅的吃得酸死了，卖辣香干的吃得辣死了，卖烤饼的吃得口渴死了，卖西瓜的吃得肚皮胀死了。

这时从雨中嘻嘻哈哈地奔来四个年轻人，他们从四个小贩那儿把这四样东西都拿齐了，坐到附近的亭子里吃，有香有辣，酸酸甜甜，味道好极了。

点睛妙语

在物质上仅限于自给自足，是落后的小农经济，那么在思想上呢？所以我们应该放开眼界，善于吸取他人所长，为我所用。

决定自己的行为

有一个人和朋友在家附近的商店买东西,他礼貌地对店员说了声:"谢谢。"

但店员却臭着一张脸,没有理会。

他们走出商店时,朋友说:"那家伙服务态度很差。"

这人对朋友说:"他每天都是这样。"

朋友说:"既然他每天都这样,那你为什么还对他那么客气呢?"

这人回答:"为什么我要让他的态度来决定我的行为呢?"

点睛妙语

不要因为别人而改变自己做人的原则。别人的不友善是无智,而你的不友善是愚蠢。

心无旁骛

有位书法大师应一座寺庙之邀,要题字悬在门上,供游人欣赏。

他写字时,一名坦率的弟子为他磨了许多墨汁,但也作了不少批评。

"这幅写得不好!"大师写了第一幅后,他批评道。

"这一幅呢?"

"不佳。比前一幅还差!"这位弟子说道。

大师耐着性子一连写了八十四幅,仍然得不到这位弟子的赞许。

最后,在这位弟子外出小解时,大师心想:"这下我可避开他那锐利的眼光了。"于是在心无旁骛的情况下，自自在在地写完了。

他的弟子回来看了说道："杰作！"

点睛妙语

不要让别人牵着你的鼻子转。

对自己的脸负责

有一次，林肯总统的友人向林肯推荐了一位年约四十，而且极有才华的人。林肯约见了这位先生之后，却迟迟没有下文。

介绍人觉得很纳闷，就去请问林肯是何原因。林肯说："我不喜欢他的脸，因为他的脸充满了骄傲与自负。"

林肯又说："一个人到了四十岁以后，应该为自己的这张脸负责。"

点睛妙语

事业的大敌莫过于骄傲与自负。一个人的真才实学不是表现在为人处世的态度上，而在于实际工作的过程中。

大　　海

这是一所能看到大海的地势较高的中学，上课时从教室就能看到变化无穷的大海。

那年约有 80 名新生入学，其中大多数是那些与大海搏击的渔民们的子弟。

那是我给新生上第一次课的事情。

"起立。"

大家都站起来。因为是新生，所以都很认真，教室出现瞬间的寂静。

但是，有一名学生耍滑头未起立。

"站起来，刚入学就是这种态度可不行！"

我的语气顿时严厉起来。

这时，传来一个声音："老师，我站着呢。"

是的，他，A 君，站着，但是由于他个子太矮，我看着像是坐着。

糟糕！我做了对不起 A 君的事。

我为自己的粗心感到不安，一时竟不知说什么。如果在此道歉，反而会伤 A 君的自尊心。于是，我当时只说了声"对不起"，周围的学生都笑起来。A 君的心情一定很难过，我意识到 A 君以后也许会因此受他人的欺负。

下课后，我本想向 A 君道歉，但忙乱之中竟把此事忘掉。晚上，我犹豫是否给 A 君打电话，但打电话道歉太不礼貌，于是只好作罢。

第二天，天空晴朗无云，春天的大海碧波荡漾，我给 A 君的班上第二次课。

"起立。"

又是瞬间的寂静。这时，忽然传来一个洪亮的声音。

"老师，我站着呢。"

是 A 君，他站在椅子上，微笑着。我只觉得眼前发暗。从 A 君的微笑中，我看出他这样做并不是讽刺，也不是抵抗情绪的表露。

我感到了"老师，我不在意，不要为我担心"这样一种体谅，我的心口感到一阵疼痛。

晚上，我怀着复杂的心情给 A 君拨了电话。

"老师，别在意，别在意。"对面传来 A 君爽朗又充满稚气的声音。

我祈盼明天的天空还是晴朗无云，大海依旧碧波荡漾。

> **点睛妙语**
> 一个人如果能够把诅咒、怨恨都放下，用大海一样的胸怀去宽容他人，生活中还有什么事情会让他失去笑容呢？

捐　酒

在一次隆重热闹的丰年祭庆典中，大酋长要求每一户家庭都要捐出一壶酒，并且倒在一个大桶子里，让大家可以共享。

每一户都郑重其事地倒入家里酿的酒，很快就集满了一大桶。

在庆典接近尾声时，酋长端起大桶，每个人的杯中都注满了一大杯酒，当大伙一饮而尽时，才发现喝下去的都是清水。

原来，人人都以为在那么多的酒中，自己的一壶清水一定不会被察觉。

> **点睛妙语**
> 在挑剔别人的过错时，也许我们也在犯着相似的错误。

仁爱之心

1933年，正当经济危机在美国蔓延的时候，哈理逊纺织公司因一场大火化为灰烬。3000名员工悲观地回到家里，等待着董事长宣布公司破产和失业风暴的来临。在无望而又漫长的等待中，他们终于接到了董事长的一封信：向公司员工继续支薪一个月。

在全国上下一片萧条的时候，能有这样的消息传来，员工们深感意外。他们惊喜万分，纷纷打电话或写信向董事长亚伦·傅斯表示感谢。

一个月后，正当他们为下个月的生活发愁时，他们又接到公司的第二封信，董事长宣布，再支付全体员工薪酬一个月。3000名员工接到信后，不再是意外和惊喜，而是热泪盈眶。在失业席卷全国、人人生计无着落的时候，能得到如此照顾，谁不会感激万分呢？第二天，他们纷纷涌向公司，自发地清理废墟、擦洗机器，还有一些人主动去南方一些州联络被中断的货源。

三个月后，哈理逊公司重新运转了起来。对这一奇迹，当时的《基督教科学箴言报》是这样描述的：员工们使出浑身的解数，日夜不懈地卖力工作，恨不得一天干25小时，曾劝董事长傅斯领取保险公司赔款一走了之和批评他感情用事、缺乏商业精神的人开始服输。

后来，哈理逊公司成为美国最大的纺织品公司，分公司遍布五大洲60多个国家。

点睛妙语

世界上任何形式的灾难，其实都是人的灾难，一旦人的灾难被化解，希望也就随之降临。

尊重是最大的激励

一天，大港石油机械公司的门卫孟大爷接到一个通知：请到贵宾室开会。老人以为眼花看错，再细看，确实没错。

一到贵宾室，公司经理早就恭恭敬敬迎在门前，再看屋里，尽是些熟悉的面孔，猛一想，才知道全是"看大门"的。鲜花满室，水果飘香，俨然是接待外宾的规格。会前，公司领导们把水果逐个削好皮，送到各位"看门人"手里。公司总经理徐志龙向他们深深鞠躬致谢，并称："你们为我们当了半个家。"

孟大爷很激动地说："这一辈子没有听说过、也是第一次参加经理召集看门的开会。看门的，本来就是在厂门口了，再踢一脚就出门了。公司看得起我们，我们看门的一定要看好这一个家。"

从此以后，公司大门守得像铁桶一般，对进出人员、货物一律按制度办，丝毫也不含糊。晚上，门里门外，都有门卫巡夜，每一旮旯儿无一漏掉。

点睛妙语

尊重别人等于尊重自己，尊重别人也能成就自己。

以德服人

梁国和楚国相邻，这两国都出产瓜。而梁国人很勤奋地浇灌他们的瓜田，所以瓜都长得又大又甜。

楚国的人却十分懒惰，很少去灌溉他们的田地，所以瓜都长得不好看也不好吃。

然而楚国的人嫉妒梁国的瓜种得好，常在夜里破坏梁国的瓜田，造成不少的损失。梁国人气不过，请求当地的县令准许他们也去破坏对方的瓜田。

县令就说："彼此结怨如何了得。何必心胸狭窄到这种程度呢？"他反而命士兵每晚都偷偷地去浇灌楚国的瓜田。

楚国人十分惊讶有人灌溉他们的田地，一打听，才知是梁人所为。楚国人把这件事告诉了楚王。楚王一方面很惭愧国人的表现，另一方面也很称道梁人的做法。从此两国结下了很好的邦谊。

点睛妙语

用友善的方法去与对手较量，会有意想不到的收获，宽容大度是赢得友谊的良策。

做人的道德

一辆公共汽车靠站时,一位年轻人从车上直往下冲,把一位老人撞倒在地。而他视而不见,头也不回,扬长而去。

突然,一个妇女叫住他:"喂!年轻人,你掉了什么?"

年轻人急忙赶回,摸摸口袋,又遍地寻找,一无所见。

"你先把这位老大爷扶起来,我再告诉你。"喊他的那位妇女说。

青年人无奈,只好硬着头皮把老人扶起,然后急切地说:"把东西快给我吧,我还有事哩。"他边说边伸手。

妇女正色地说:"你差点儿把做人的道德丢了,不过,现在你已经捡回来了!"

青年红着脸离去。

点睛妙语

> 高尚的人格,不屈的尊严,良好的道德情操,这是作为人所必需的"三大硬件"。没有了其根本之———道德,你还健全吗?

人情账

家门口有一条汽车线路,是从小港口开往火车站的。不知是因为路线短,还是沿途人少的缘故,客运公司仅安排两辆中巴来回对开。

开101的是一对夫妇,开102的也是一对夫妇。

坐车的大多是一些船民,由于他们长期在水上生活,因此,一进城往往是一家老小。

　　101号的女主人很少让船民给孩子买票，即使是一对夫妇带几个孩子，她也觉得无所谓，只要求船民买两张成人票。有的船民过意不去，执意要给大点的孩子买票，她就笑着对船民的孩子说："下次给带个小河蚌来，好吗？这次让你免费坐车。"

　　102号的女主人恰恰相反，只要有带孩子的，大一点的要全票，小一点的也得买半票。她总是说，这车是承包的，每月要向客运公司交多少多少钱，哪个月不交足，马上就干不下去了。

　　船民们也理解，几个人就掏几张票的钱，因此，每次也都相安无事。

　　不过，三个月后，门口的102号不见了，听说停开了，应验了102号女主人话：马上就干不下去了。因为搭她的车的人越来越少。

点睛妙语

一点点的人情味比十足的精明更容易得到回报。

第二辑　关于品行与良知

  人品是开展个人生命价值的关键，有品胜过有学，有德胜过有才，所以做人要有品格，要有良知，要讲道德。一个人如果没有真正的品行和道德，就不可能拥有真正的智慧和品性。

良　　知

狐狸偷偷溜进一家农舍，正准备偷吃农夫的鸡，这时，一只碰巧路过的野猪看见了，便故意大叫了一声。听到野猪的叫声，农夫赶忙扛着锄头来到院子里。狐狸见状，慌忙往山上逃去。

半路上，狐狸恼恨地对野猪说："就你爱多管闲事，别忘了，你们也常成为农夫的盘中餐！"

"的确，我不否认有这样的事发生过，但是，我不会因此就失去了正义感和良知，在该出手时，仍会毫不犹豫地出手！"

点睛妙语

的确，人不能没有正义感和良知，不然，邪恶便会肆虐人间，终有一天，也会危害到你自己。

释放善意

啄木鸟开了一家药店，生意很好。可是后来，山鹰在它的铺子对面也开了一家药店。对此，啄木鸟十分生气，它便开始在动物中散布谣言，说山鹰的店里卖的全是假药。

山鹰的儿子知道这件事后，便准备去写状纸，状告啄木鸟的不正当竞争手段和对自己药店的诬陷。

山鹰赶紧拦住了儿子，说："别把这件事闹得满城风雨，我们不妨用善意的方式来对待它的攻击。"

第二天，当一些买药的动物告诉山鹰，啄木鸟又在造谣攻击它时，山鹰和蔼地说："我想一定是有什么事让我们与啄木鸟先生之间产生了误会。啄木鸟是鸟儿中最好的医生，它在任何时候都真心真意为患者着想，它良好的职业道德是我们学习的榜样。动物王国如此之大，有足够的生意够我们两家做，我一直以啄木鸟先生的药店作为自己开店的榜样。"

啄木鸟听到这些话后，惭愧地低下了头。后来，它主动找到了山鹰，向它传授了一些自己的开店经验，并与山鹰合作，在另一处森林里开办了一家联营药店。

点睛妙语

表达善意是中止一切相互攻击的好办法。当你将友好之手伸向对方时，你一定会得到丰厚的回报。

真诚的赞美

最近一段时间，小野猪有点烦。因为它希望自己能有几个好朋友，可以一起聊聊天，踢踢球。但是，当它向小象表示好感时，小象却一甩鼻子，不理睬它。小野猪只好去找小猴玩，可小猴却爬上高高的树杈，打起瞌睡来。

小野猪觉得很孤单，它伤心地哭了起来。

"孩子，你怎么了？"一位过路的神问小野猪。

"我没有朋友。没人跟我一起玩。"小野猪抽泣着说。

"你是怎样与其他小动物接触的？"神问。

"我见了小象，说：'小象，我想和你交个朋友，可是你的鼻子怎么这样长啊！太难看了，简直像个怪物！'小象听完我的话后，就一言不发地走开了。"小野猪说。

"孩子，你下次再见到小象时，不妨这样对它说：'小象，你真可爱，你那长长的鼻子是独一无二的，我真羡慕你！'"

小野猪点了点头，表示记住了神的话。

"那你又是怎么对其他动物表示交友的愿望的呢？"神接着问。

"我见到小猴的时候说：'小猴，我想和你交个朋友，可你总光着小屁股，难道没有羞耻感吗？'小猴听后，也不再理睬我，自个儿爬上树杈睡觉去了。"

"哦，孩子，下次再见着小猴时，你不妨这样说：'小猴，我真心想和你交朋友，因为你聪明、善良，而且很有个性，在我们动物中。我最羡慕你了，尤其是你的光屁股，夏天该是多么凉爽啊！'"

小野猪把神的话牢牢地记在心里，后来，它果然和小象、小猴成了好朋友。

点睛妙语

任何人都需要被肯定，都喜欢听到合其心意的赞美。真诚的赞美，是你赢得良好人际关系的通行证，是你打开人际关系大门的金钥匙。

为别人喝彩

动物王国里，一场体育盛会即将结束，大象得了摔跤冠军，小鸭子得了游泳冠军，老虎获得了拳击冠军。

斑马和野驴争夺马拉松比赛冠军时，野驴终因体力不支而中途败下阵来，但它却毫无怨言地为跑到终点的斑马鼓掌。

比赛结束时，狮王亲自宣布把大赛的"最高风尚奖"授予了野驴。

"为什么？"山羊记者问狮王。

"当大家都在为自己家族的运动员夺得冠军而鼓掌欢呼时，只有野驴不忘为别人喝彩。"

> **点睛妙语**
>
> 为别人喝彩是一种智慧,是一种人格修养的表现。懂得为别人喝彩的人,终将赢得别人的喝彩。

开 锁

一把坚实的大锁挂在大门上,一根铁杆费了九牛二虎之力,还是无法将它撬开。钥匙来了,它瘦小的身子钻进锁孔,只轻轻一转,大锁就"啪"的一声打开了。

铁杆奇怪地问:"为什么我费了那么大力气也打不开,而你却轻而易举地就把它打开了呢?"

钥匙回答说:"因为我最了解它的心。"

> **点睛妙语**
>
> 每个人的心,都像上了锁的大门,任你再粗的铁棒也撬不开。唯有关怀,才能把自己变成一只精密的钥匙,了解别人,进入别人的心中。

和玫瑰相处

有一天,小老虎发现路旁有一堆泥土,从土中不断散发出一股沁人心脾的幽香。小老虎便把这堆泥土带回了洞中,不一会儿,它的洞里竟然到处溢满了香气。

小老虎好奇地问泥土:"你是上帝赐给人间的宝物吗?"

"不是的,老虎先生,我只是一坨普通的泥土而已。"

"那么，请问你身上的香气是从哪里来的呢？"

"我只是曾在玫瑰园里和玫瑰相处了很长的一段时间而已。"

点睛妙语

你和什么样的人相处，时间一长，就会有什么样的味道。所以，交友要慎重，要分清他们的品性后再决定是否深交。

更多的微笑

动物医院里，院长河马已是第一百零一次收到表扬护士兔小姐的信了。今天这封信，是刚出院不久的熊先生写来的，它的信中有这样一段话：

"兔小姐甜美的微笑，就像冬天的阳光，温暖着我冰冷的病房，我觉得病痛减轻了许多，心情也格外开朗……如今我虽已病愈出院，但我还是深深地怀念在医院里的那一段日子，怀念着兔小姐的微笑……"

时隔不久，通过全体病人投票，兔小姐全票通过，被评为医院该年度"最佳护士"。

当山羊记者采访兔小姐时，兔小姐说："不是我的护理技术比其他护理人员高明，只是在护理病人时，我比它们付出了更多的微笑！"

点睛妙语

不要吝啬自己的笑容！当你付出发自内心的微笑时，就能收获一颗颗真诚的心。

亲切、友善、真诚的微笑，是你打开他人心扉的钥匙，是融洽人际关系的黏合剂，是让对方快乐、自己开心的秘密武器。

多听少说

动物王国里，小鹿已是连续第三次获得"最佳人气奖"了。山羊记者决定采访它。

"请问，你与别人交谈时有什么技巧吗？"

"没有，我只是告诫自己，一定要多听少说。"

"你是怎样征服人心的？"

"多听少说。"

"你是怎样获得那么多朋友的？"

"多听少说。"

点睛妙语

倾听是一门艺术，当别人滔滔不绝时，你需要做的就是全神贯注地倾听，并通过赞同的微笑，肯定的点头，或者手势、体态等做出积极的反应，表现出对谈话内容的兴趣和对谈话对方的尊重。学会了倾听，下一个获得"最佳人气奖"的一定是你！

语言的伤害

刺猬从猎人的捕网里救出了一头狮子。狮子为了报答它的救命之恩，便请它到自己家里做客。

刺猬从狮子家里出来时，说："你的饭菜丰盛，我吃得很饱。但是，你身上发出的那股骚味，让我难受极了。"

狮子听后，心里很不高兴，但一想刺猬曾救过自己的性命，便说："既然如此，你就用身上的刺扎我一下吧，说不定你心里就会好受些。"

刺猬照狮子的话做了，它用身上的刺扎了一下狮子的背，便回家了。

后来，刺猬又遇到了狮子，便问它："你背上的伤好了吗？我那次扎得可能重了点。"

"哦，那伤口早就好了，我也忘了那件事。不过，你那次说的话，我一辈子也忘不了。"狮子说完，便走开了。

点睛妙语

人类也常和狮子一样，能轻易地忘掉身上的伤疤，却忘不掉别人在语言上对他的伤害。因为语言的伤害，犹如一把带毒的剑，它刺伤的是人的心，而且受害者会对你耿耿于怀一辈子。为了避免伤害他人，你最好在说每句话前都三思而后"言"。

最惊奇的误会

早年在美国阿拉斯加某地方，有一对年轻人结了婚，婚后生育，太太因难产而死，留下一个孩子。

年轻人忙生活，又忙于看家，因没有人帮忙看孩子，就训练了一只狗，那狗聪明听话，能照顾小孩，咬着奶瓶喂奶给孩子喝，抚养孩子。

有一天，主人出门去了，叫狗照顾孩子。

他到了别的乡村，因遇大雪，当日不能回来，第二天才赶回家。狗立即闻声出来迎接主人。年轻人把房门打开一看，到处是血，抬头一望，床上也是血，孩子不见了，狗在身边，满口也是血，主人发现这种情形，以为狗性发作，把孩子吃掉了，大怒之下，拿起刀来向着狗头便一劈，把狗杀死了。

之后，他忽然听到孩子的声音，只见孩子从床下爬了出来，于是抱起孩子，孩子虽然身上有血,但并未受伤。

他很奇怪,不知究竟是怎么一回事,再看看狗,狗腿上的肉没有了,旁边躺着一只狼,嘴里还咬着狗的肉;狗救了小主人,却被主人误杀了,这真是天下最令人惊奇的误会。

点睛妙语

> 误会一开始,便一直只想到对方的千错万错,会使误会越陷越深,弄到不可收拾的地步。人对无知的动物产生误会,尚且会有如此可怕严重的后果,那么人与人之间的误会,其后果更是难以想象。

讥笑他人的代价

动物王国发生了一场瘟疫。就在狮王忙着救治感染的动物时,大象却纠集狐狸、斑马等干起了抢劫勾当。

狮王命令老虎迅速地抓捕了大象等众犯。按照动物王国的刑法,抢劫主谋应判绞刑,大象被押到了绞架前。

但在绞刑开始时,大象身子摆动了一下,绳索竟然断裂了,大象被重重地摔到了地上。在动物王国里,类似这样的事情会被当成天意,犯罪分子通常会得到狮王的赦免。

大象从地上爬起来后,指着老虎对围观的动物喊道:"你们看,这个愚蠢的家伙甚至连制造绳索都不会,它还有什么资格成为执行我死刑的刽子手?我看狮王也是老糊涂了!"

老虎听后,立即前往狮王那里,向狮王报告绞刑失败的消息,并说:"尊敬的狮王,大象还指着我说:'你们看,这个愚蠢的家伙,甚至连制造绳索都不会,它还有什么资格成为执行我死刑的刽子手?我看狮王也是老糊涂了!'"

狮王见大象临死前还如此放肆,就说:"那么,就让我们以行动来证明事实恰好相反。"

第二天，大象再一次被押上绞刑台。

这一次，绳索没有断裂。

点睛妙语

学会控制你的语言，特别是小心讥讽之言，是一种做人的智慧。

吃小亏，积大德

秋天到了，狮王把动物们收获的玉米平均分成若干个小堆，让它们每人一堆自由选择。

当"开始"二字刚从狮王口中说出时，众动物便你推我搡地抢上前去，挑选自己中意的那堆。唯独山羊站在原地不动，等众人挑选完后，它才走到那一堆无人要的玉米前。

"你真傻，刚才为什么不上去抢。看，你现在这一堆玉米又小又被虫子咬过，没人愿意要。"一向与山羊交情极好的小鹿对山羊说。

"玉米小点没关系，被虫子咬过的地方我会扔掉的。"山羊笑着说。

过了几天，狮王号召大家一起去拾柴火，准备冬天取暖用。傍晚时分，当狮王清点柴火时，发现除了山羊背来一捆又大又好外，其他动物每人只捡来几根枯树枝，更有甚者，狐狸干脆称自己肚子疼，根本就没来参加劳动。

"嗨，你怎么这么不开窍啊！"野猪对山羊说，"你费了好大劲儿捡了一大捆柴火，可狮王并没有因此而表扬你呀。我们呢，只捡来那么几根，不也没挨狮王的批评吗？"

"可是，如果大家都捡那么一点点，那冬天用什么取暖？"山羊不无担心地说。

"就是挨冻也是大家一起受，不是你一个人呀！"小象也在一旁说。

第一场大雪后，狮王又号召大家出门扫雪。可洞口除了山羊一个人在挥动扫帚之外，其他的动物要么以眼睛怕被雪光刺伤为由不出门，要么说自己腰痛，根本下不了地……

当山羊扫到狼的洞口时，狼透过门缝对它说："你这个大傻帽！虽然你卖命地干，但是狮王也不会把王位传给你！"

"我不是为了王位而劳动的。"山羊说完，又默默地去扫起老虎洞口前的雪来。

"你呀，就是老实巴交的，吃亏的永远是你！"老虎打开窗户朝正弯着腰，吃力地扫雪的山羊说。

"可是我不觉得一个人出来扫雪就是吃亏啊！相反，我感到很快乐！"山羊说完，又继续朝前扫去。

第二年春天，狮王得了一场重病。临终前，它把山羊召到王宫，当着所有动物大臣的面儿，亲手把王冠戴在了山羊的头上。

点睛妙语

"吃亏是福"，这是一个人高尚品德的具体表现。

蚂蚁与天鹅

一只蚂蚁在河边喝水时不小心被风吹进了河里，它用尽全身力气想靠近岸边，但虽经努力，还只在原地方。小蚂蚁已经很疲惫了，但它仍在不停地努力。这时正在河边觅食的天鹅发现了它，出自同情，这只天鹅衔起一块木片放到了河里，爬上木片，小蚂蚁终于又回到了岸上。

当小蚂蚁在草地上晒干它身上的水时，它听到了一个人向这里走来的声音。这个人光着脚，手中拿着枪，他看到了这只天鹅并且想杀它，他很谨慎地端起了枪。小蚂蚁急中生智咬了一下他的脚，就在这一刻，天鹅也发现了那个猎人，于是便很快地飞远了。尽管蚂蚁是比鸟弱小得多的动物，但它却帮天鹅免遭了一次杀身之祸。

点睛妙语

与人为善总是有益处的，往往在你没有察觉的时候，别人就回馈给了你帮助。

帮助别人，自己快乐

在乌龟一千岁生日的宴会上，记者海虾采访了它。

"请问，你是怎样度过每一天的？"

"我每天除了散步之外，就是帮助隔壁的海星照看孩子，或是帮海蟮料理家务。"

"你不觉得这种免费劳动很吃亏吗？"

"不，我赚了！因为我在帮助别人的过程中，觉得很快乐！"

点睛妙语

帮助他人是一种美德。当我们无偿地付出自己的爱时，我们的生活也会变得更精彩，每天的心情也会因充实而更加快乐。

用宽容化敌为友

动物王国里，老山羊带着儿子去地里收白菜时，发现自己家的白菜已被别人偷走了许多。

"爸爸，这一定是野猪干的。你看，地上还有它的脚印呢。走，我们找它算账去。"小山羊说。

"算了，儿子。我想野猪一定是饿极了，才这样做的。"老山羊拦住了儿子，淡淡地说。

几天后，老山羊又带着儿子去地里挖土豆，发现土豆地已被拱翻了一大片。很显然，野猪又偷走了一些土豆。

"爸爸，咱们不能再忍了。我们现在就去找野猪算账，它太过分了。"小山羊气愤地说。

"不，儿子。野猪也是有自尊心的。它如果不是家里有什么困难，是绝不会来偷土豆的。"

"爸爸，这头野猪可是懒得出了名的啊！它自己不劳动，老是靠小偷小摸混日子。"

"儿子，不要在背后说别人的坏话！我觉得野猪的本质并不坏，它一定会学好的。"

山羊父子俩的对话恰好被躲在草丛中的野猪听到了，它惭愧地低下了头。

就在父子俩埋头干活的时候，一头饥饿的狼悄悄地溜到了土豆地里。就在狼扑向小山羊的那一瞬间，野猪发现了，它急忙跳了出来，勇敢地迎了上去。几个回合之后，狼败在野猪的獠牙下，灰溜溜地逃走了。

"谢谢你救了我们的命！"老山羊带着儿子赶忙过来感谢野猪。

"不，说谢谢的应该是我。我一次次地偷你家的东西，可你们每次都原谅了我，是你们的宽容感动了我。"野猪说完，便卖力地帮老山羊拱起土豆来。

点睛妙语

凡事包容，凡事忍耐，这样就能在感化敌人的同时，还能使敌人成为朋友。

不要过分挑剔他人

一天，蝴蝶在家里举办舞会，绿头苍蝇早早地就到了。

当它得知被邀请的客人中有黑蜘蛛时，便不满地说："我的上帝啊！你怎么能邀请黑蜘蛛呢，它成天一身黑衣，太不吉利了。"

绿头苍蝇的话音刚落，黑蜘蛛就进门了，它正好听到了绿头苍蝇对自己的评价。因此，舞会开始时，无论谁邀请它，黑蜘蛛都冰冷地拒绝了。

后来，绿头苍蝇到一家公司去应聘，各项考试都合格，但最终还是落选了。

"为什么你们不录用我，而录用了成绩比我差的马蜂？"

"因为有人向我们举报，如果录用了你，我们将在中午时吃不下午餐，因为你常扎在粪便堆里，浑身是臭味。"人事主管田鼠说完，朝绿头苍蝇挥了挥手。

事后，绿头苍蝇才知道，黑蜘蛛是人事主管田鼠的好朋友。

点睛妙语

在我们挑剔别人之前，不妨先好好反省一下自己吧。要知道，一个经常挑剔别人短处、指责别人错误的人，只会让人感到他的苛刻和难于相处，因他的品质恶劣而感到厌恶。

给别人帮助自己的机会

狐狸奉狮王之命，到矮人国出差。可当它准备好行李出发时，才发现自己的汽车出了毛病，已经走不了了。山羊见状，便热情地提出自己开车送狐狸。

"算了吧，你工作也很忙，我怎么能耽误你的时间呢？"狐狸拒绝道。

"去年我缺钱花时，你不是也慷慨地借给过我吗？"山羊执意要去送狐狸。

"嗨，这是哪儿跟哪儿呀！那么点小事你还放在心上。我到矮人国出差，要花好几天时间，你就别送了，我自己坐飞机去。"狐狸说完，拎着行李打的去了飞机场。

等狐狸从矮人国出差回来后，山羊从此再也没有理过它。

> **点睛妙语**
>
> 付出固然比获得重要，但正如你乐于帮助别人一样，也要给朋友帮助自己的机会。如果一味拒绝那些曾经受惠于自己的人，便会在无形之中伤害了对方的自尊，因为没有人乐意永远接受别人的帮助，而没有付出的机会。

仇恨和报复不可取

森林里，狗熊突然闯进了小蜜蜂的家。它趁小蜜蜂们都外出采花粉时，偷吃了一大桶蜂蜜，溜回了自己的家。

小蜜蜂们回家后，见辛辛苦苦酿的蜜被狗熊偷吃了，都十分气愤。它们聚集在一起，商量着要去找狗熊报仇。

一位过路的神见了，便说："你们原谅狗熊一次吧，不然，你们在报复它的同时，自己也会受到伤害的。"

"不，此仇不报，我们心中的怨气就难消。"领头的那只小蜜蜂对神说完这句话后，便领着其他的伙伴，浩浩荡荡地出发了。

正在家里酣睡的狗熊被嗡嗡声惊醒时，才发现自己已被成千上万只小蜜蜂团团围住了。狗熊忙爬起来逃命，可小蜜蜂们仍穷追不舍，它们纷纷把身上的毒针狠狠地向狗熊刺去。

狗熊浑身被刺得全是大大小小的包，又痛又痒了好几天。而那些把毒针留在狗熊身体里的小蜜蜂们，回去后没多久就全死了。

> **点睛妙语**
>
> 我们要学会管住自己的大脑，控制报复的冲动，说服自己，把仇恨在心里悄悄地化解。因为，仇恨在伤害别人的同时也会伤害你自己，而宽容和忍让，是保佑自己一生平安的"护身符"。

自我感觉

一只苍蝇停在大象的背上。

苍蝇见大象对自己的到来没有任何反应,便说:

"喂,伙计,我来了好半天了,你一直没有反应,现在我决定走了,你舍得吗?"

"你什么时候来的,我根本不知道。你走了,我也不会觉得失去了什么。请随便!"大象听后,冷冷地说。

点睛妙语

自己重不重要,是由别人评价和肯定的。那种自我感觉良好,到处吹嘘的人,只会得到别人的冷遇和白眼。

麻雀与喜鹊

喜鹊被人类当作吉祥鸟,每当它开始歌唱时,总能得到人类赏赐的食物。麻雀见了,很是嫉妒。于是它跑到一户人家门前,叽叽喳喳地叫个不停。主人听见后甚是心烦,便拿出一把弹弓,朝麻雀射出一粒小石子。虽然没击中麻雀,但还是把它吓出了一身冷汗。

麻雀见自己的歌声不但未获得人类的好感,反而险些招来杀身之祸,便自知没趣,只好悻悻地飞走了。

点睛妙语

东施效颦，只会引来别人的嘲笑！只有知本分、守本分者，才能得到他人的尊重。

不要盲目模仿他人

磨坊里，两头驴正在窃窃私语。

"我们和人一样，都是有血有肉有生命的动物，可人凭什么使唤我们，让我们成天拉货、推磨，而且吃的是稻草，喝的是凉水。"甲驴气愤地说。

"是呀，我们真是倒霉透顶了。"乙驴说完，气愤地蹬了一下后腿（当然什么也没有蹬着）。

"伙计，咱们得想想招儿，得寻求翻身解放，我可不愿意一辈子拉货推磨。"甲驴说。

"听我父亲讲，人之所以有驾驭我们的本领，是因为他们有一个充满智慧的大脑。"乙驴想起了儿时父亲讲给它的话。

"你真是个蠢货，人有大脑，难道我们就没有脑袋吗？"甲驴说完，高傲地昂起了自己的头。

"你说的也有道理。"乙驴拍了一下自己的脑袋，"对了，我发现了人和我们之间的不同之处，而这肯定也是他们有本事驾驭我们的关键。"乙驴为自己的发现激动不已。

"快告诉我，你发现人类哪里与我们不同？"甲驴的情绪也高涨起来。

"腿，肯定是腿。人类只有两条腿，而我们却有四条！理所当然地，人类就认为我们比他们能负重，比他们跑得快，所以就开始统治我们了。"乙驴兴奋地说。

"那我们今后怎样才能反过来征服人类呢？"甲驴对乙驴的新发现简直佩服得五体投地。

"这还不简单？我们砍掉自己的两条腿，不就和他们一样了吗？"乙驴说完，操起刀，砍断了自己的两条腿。甲驴见乙驴痛得满地打滚，且不停地大声哀号，不禁犹豫了一下，但一想到暂时的痛能换来永久地征服人类，它还是拿起了刀，也砍下了自己的两条腿。

　　主人听见了驴的哀号声，忙赶了过来。当他见到地上的四条断腿和已痛得死去活来的两头驴时，心里便明白是怎么回事了。

　　"你们这两个愚蠢的东西！你们得到人类的智慧了吗？"主人骂完，大喊一声："伙计们，过来把这两头驴拉到屠宰场去！"

　　这两头驴一听，顿时昏死了过去。

点睛妙语

　　在这个世界上，并不是所有的东西都能够模仿得来，尤其是智慧。只有不断创新，才能积累征服他人的资本。然而，这个世上还真有某些人，常做一些类似于故事中驴所干的事，他们喜欢"跟风"，喜欢模仿，却不曾想到，到头来不但未得到所羡慕的一切，反而失去了自己。

外表没有那么重要

　　冬天快到了，白桦树对橄榄树说："老哥，快脱下你的外衣，抖掉树叶吧。不然，大雪来临，你会吃不消的。"

　　"不！我绝不让自己的叶子掉光，那样多难看啊！"橄榄树说完，得意地向白桦树抖动着一簇簇绿叶。

　　冬天，大雪如期而至。大量飞雪堆积在橄榄树的枝叶上，因重量过大而把枝干压断了，橄榄树立即失去了引以为荣的美丽。但是白桦树因为叶子都凋落了，飞雪穿过树枝，落在地上，结果白桦树毫发无伤。

点睛妙语

贪图外表的美丽，反而会给自己带来祸害，放弃那份虚荣，你才会获得一份平安。人如果太在意外表的美丽和荣耀，不能放下架子，那么就有可能落得橄榄树一样的下场。

别把无知当炫耀

一只老母鸡在垃圾堆里扒食时，发现了几根孔雀羽毛，便把它捡起来，插在自己的身上。

老母鸡以为自己现在和孔雀一样美丽，于是，它不再下蛋，而是背着主人到处炫耀："看呀，我多漂亮啊，我是孔雀皇后！"

"可我怎么看你都像隔壁农夫家的那只老母鸡。"喜鹊说。

"你也太放肆了，擦亮你的双眼好好看看，我背部那五彩的羽毛不正是孔雀的标志吗？"母鸡大声地说。

"的确，那是孔雀的羽毛，但你把它插在自己的身上，依然改变不了你是老母鸡的命运。"喜鹊说完，不再理睬老母鸡。

"喂，猎狗，没看见我现在是孔雀皇后了吗？你怎么还像以前一样，对我傲慢无礼！"老母鸡说。

"呸，你就是农夫家的那只老母鸡，我还偷吃过你下的蛋呢！"猎狗说完，眯上眼，又开始睡起觉来。

老母鸡见自己不但没得到夸奖，反而受到了其他动物的嘲弄，心里很生气，便决定回家去，让主人看看自己变成了孔雀，他肯定会好好犒劳自己的。于是，老母鸡再一次整理好身上的那几根摇摇欲坠的羽毛，咯咯地唱着歌往家里走去。

"你这个该死的家伙，每天吃我的，喝我的，却一连好几天没为我下蛋，我养着你又有何益？"农夫见老母鸡进了家门，生气地骂道。

"尊敬的主人，我现在不是你的老母鸡了，我是孔雀！"老母鸡说完，展开翅膀，想在主人面前来一个漂亮的旋转。却不曾想，身子刚一扭动，插在背上的孔雀羽毛全掉了下来。

"我看你是疯了！你现在是连蛋都不会下的老母鸡。即使插上了孔雀的羽毛，你以为就能改变自己的本质吗？"农夫说完，手起刀落。老母鸡便倒在地上的那几根孔雀羽毛上，死了。

点睛妙语

我们千万不要因为自己无知的炫耀，而使自己陷入窘境。事实上，只有欠缺实力的人，才喜欢张牙舞爪，而懂得韬光养晦的人，才是真正的强者。

诚实是最好的报答

一天，洪水淹没了一座猴山。一只老猴子驾着自己的小筏子漂浮在水面上，准备向山外逃命。

"请救救我们吧！"老猴子见一棵树上爬着两只小猴子，正冲着它大喊救命，便把小筏子划了过去。

"我的筏子太小，只能上来一个人，你们谁上呢？"老猴子见两个人都向自己求救，为难地说。

"让我上来吧，如果你救了我，我以后会用金银财宝报答你。"树上那只背着口袋的小猴子抢着说。

"好吧，那你下到筏子上来吧。不过，你先得把你身上的那个口袋扔掉，以减轻筏子上的重量。"老猴子说。

"啊！这个……这个不能扔，里面装的全是果子。"小猴子连忙说。

"既然你舍不得果子，那你就和你的果子一起留在树上吧。"老猴子说完，又用竹篙指着另一只小猴子，"小伙子，你下来吧，我愿意救你走。"

"谢谢你的救命之恩，可是我现在两手空空，而且将来我不一定有能力报答你。"那只小猴子说。

"你说了真话，是个诚实的小伙子。你的诚实便是对我最好的报答。"老猴子说完，准备载着这只小猴子离开。

"喂，先生，求求你带我走吧。"背着口袋的小猴子见老猴子要走，忙喊道，"如果你带我走，我愿意把这口袋里的金银财宝分给你三分之一。哦，不，是一半！"

"是吗？你刚才不是说口袋里装的是果子吗？"老猴子说道。

"刚才是我错了，先生。这包里是我的全部财产，我以我的财产向你保证，只要你带我上岸。我就……"

"不用保证了！我宁愿免费救下一个诚实的人，也不愿救一个说谎话的骗子。"老猴子说完，用筏子载着那只两手空空的小猴子走了。

点睛妙语

诚实是一个人最宝贵的财富，它比其他任何财富都更具魅力。

信任是一种无形的力量

狐狸因常偷农夫的鸡，被狮王叫去接受责罚。

狮王为了给狐狸时时敲响警钟，告诫它以后好好做人，便命猴子在一块铜牌上刻了"永不再犯"四个字，挂在狐狸的脖子上。狐狸为此很惭愧，决定洗心革面，从此以后，好好做人。

一天，狐狸发现一只老鼠偷吃果园里的葡萄，便大喊道："快来捉贼呀，有人在偷葡萄。"可等黑猫警长带着警员冲进葡萄园时，老鼠早已逃得无影无踪，只留下一大堆葡萄核。

"你这坏小子，刚才你是不是贼喊捉贼？你刚接受完狮王的责罚，脖子上还挂着铜牌，以后还会有谁相信你？"黑猫警长说完，带着大队警员气势汹汹地走了。

狐狸听后，心里万念俱灰，它想这世上再也没有人相信自己的话了，便决定下山以后，继续干自己的老本行，以偷盗为生。

当狐狸走到半山腰时，见到一只小白兔正坐在路边哭泣。

"哈……哈……哈，我正好可以先吃掉这只兔子充饥，待会儿就更有力气抓鸡了。"狐狸想到这里，便放慢脚步，轻轻地朝小白兔走去。

"狐狸先生，你能送我下山吗？我迷路了。"就在狐狸刚准备张开大嘴一口叼住小白兔时，小白兔揉着红肿的双眼对它说。

"嗯，这个当然可以。"

就在这一瞬间，狐狸感到了小白兔对自己的无比信任，这信任给了它力量，这信任清洗了它灵魂中所有的污垢。狐狸在心里发誓，以后再也不干偷鸡摸狗的事了。

点睛妙语

信任是对他人人格的尊重，信任是一种无形的力量，它能使误入歧途的人走向正途；信任是一泓清泉，它能帮助他人洗涤掉心灵的污垢。

小节不可忽视

狼突然想起很久未和好朋友狐狸见面了，便拨通了狐狸的电话。

"喂！老弟，咱哥俩好久未见了，明天有空吗？过来喝两盅。"狼在电话那边说。

狐狸接到电话后，高兴地来到了狼的家里，狼热情地招待了它。

狐狸走时，留下了一大堆未啃干净的鸡腿，喝剩的啤酒，撒得满地的瓜子壳，还有一股挥之不去的狐臭味。

从那以后，狼再也不邀请狐狸到自家来做客了。

> **点睛妙语**
>
> 不拘小节看似豪爽，实则是修养上的欠缺。在今天这个时代，人们越来越注重交友的质量和情趣，不拘小节的人，将会逐渐失去朋友对自己的好感，从而使自己遭到更大的损失。

投机取巧不可取

农夫养了一头驴和一只鸡。

每天早晨，公鸡一打鸣，农夫便起床让驴去磨坊拉磨。驴觉得农夫对自己太苛刻了，而自己之所以遭受不公平的待遇，皆因那只打鸣的公鸡。驴想，如果公鸡不打鸣了，主人就不会那么早起床让自己拉磨了。

于是，在一个黑夜，驴偷偷地踩死了那只公鸡。

农夫听不见鸡鸣后，不知道天亮的准确时间，常常半夜里就起床让驴干活去了。

> **点睛妙语**
>
> 投机取巧肯定会自讨苦吃。

要懂得适可而止

黄鼠狼趁鸡妈妈不注意时，偷吃了一只小鸡。鸡妈妈知道后，在伤心之余，决定设计惩罚那只黄鼠狼。鸡妈妈在黄鼠狼进鸡舍的必经之路上挖了一个很深很深的坑，在坑里放进一些炭火，坑的外面盖着被水泡透了的鸡毛。

夜里，黄鼠狼一想起那些鲜嫩的小鸡，便直流口水。其实，它也担心鸡妈妈在丢失了一只小鸡后，会有所防备。但又一想，自己向来运气极好，应该不会有差错。因此，在贪欲的驱使下，它再一次向鸡舍溜去。

当它掉进小坑被炭火烫得奄奄一息时，它才明白，是贪欲断送了它的自由和生命。

点睛妙语

记住"适可而止"这句话，并且凡事做到"适可而止"，你就不会像黄鼠狼那样因贪婪而把自己送上了一条不归路。

不要逼人太甚

狮子发现了一头小鹿，便凶狠地向它扑去。小鹿见状，撒腿就跑，不料慌忙之中，掉入了一口井里。井口离地面很高，小鹿在井水里拼命扑腾着，想跳到地面上来。

狮子跑了过来，见状便捡起一根木棍，趴在井边，使劲儿地捣井中的小鹿。小鹿逃生不得，情急之中紧紧地抱住了木棍，想抓住木棍爬上来。狮子大为恼火，它拼命往回抽木棍，想摆脱小鹿，哪知小鹿却死死抓住木棍不放。狮子急了，为了抽回木棍，它便把身子往前倾了倾，却没想到失去平衡，自己也一下子掉进了水井里。

点睛妙语

凡事都不能把别人往死里逼，而应有一颗宽容之心，得饶人处且饶人。如果做事太过分，没有分寸，只想着把对手往悬崖下逼，那么，先掉下悬崖的往往是你自己。

勿轻信他人

一只狼偷偷地溜到磨坊里，它想吃一块驴身上的肉，用来充饥。狼知道在磨坊里不容易得手，便决定智取。

于是，狼来到磨坊，亲热地对驴说："老哥，你太辛苦了，你的主人太狠心了啊！你成天为他干活，可他还要蒙着你的眼睛，甚至鞭打你；你为他磨出那么多白花花的面粉，他给你吃的却是草料，你的付出与收获太不成比例了，你能咽得下这口气吗？"

"唉，这就是命！"驴哀叹道，"我也想换一份轻松点的工作，可不知到哪里去找呀！"

"嗨，这个你就不用担心了，只要你跟着我走，我保证帮你找到一份又轻松、报酬又高的工作。"

驴同意了狼的建议，它满怀期待地跟着狼来到了一个山洞里。

"狼先生，这是什么地方，我的工作是干什么呢？"驴看着空空的山洞，疑惑地问狼。

"这就是你的墓地！从今以后，你就不用工作了。"狼说完，一声招呼，早已埋伏在洞里的其他狼都跳了出来，它们冲上来，一下就咬死了无路可逃的驴子。

点睛妙语

天上不会掉下馅饼，当有人以许诺诱惑你时，你就应该冷静地想一想，他这样做的动机是什么，如果轻易相信他们，那么后悔的肯定是你自己。

不做不付出的人

狐狸听说矮人国发生了一场瘟疫，忙向狮王表示，它愿意竭尽全力帮助矮人国的灾民们度过危机。

"你真是一个品德高尚的人。"狮王摸了一下胡须，说：

"如果你有两栋房子，你愿意奉献出一栋给小矮人们住吗？"

"是的，我愿意。"狐狸肯定而干脆地回答。

"如果你有两袋粮食，你愿意奉献出一袋给他们充饥吗？''

"是的。我非常愿意。"

"如果你有两件御寒服，你愿意奉献出一件给他们御寒吗？"

"不，我绝不愿意！"

"为什么？一件御寒衣的价值可远远比不上一栋房子和一袋粮食呀。"狮王惊讶地问。

"因为我没有两栋房子，也没有两袋粮食，但上衣，我有……有两件。"狐狸所说的最后几个字，是从牙缝里挤出来的。

"滚！你这个只说不付出的小人，以后再也不要出现在我面前。"狮王朝狐狸怒骂道。

狐狸吓得夹着尾巴，灰溜溜地逃走了。

点睛妙语

衡量一个人的品德是否高尚，不是看他承诺了什么，而是要看他付出了什么。把自己所爱的拿出来，无偿地送给他人的人，是高尚的人；而那些只说不付出的人，不但欺世盗名，品质败坏，而且是最不受欢迎的人。

索取不能无度

一只看家的母狗快要生产了，于是请求主人给它一个生产的地方。主人同意了，并把柴房让了出来，作为它的产房。生下小狗后，母狗又请求主人，把柴房暂借给它，作为抚养孩子的地方，主人又同意了。

半年后，这只母狗见小狗们都长大了，且有能力保护自己后，便让主人把柴房送给它们，作为它们一家的永久住所，主人不同意，母狗便率领小狗们，把主人咬得落荒而逃。

后来，主人找准一个机会，用火铳把母狗一家全打死了。

点睛妙语

如果没有节制，不管住自己的"胃口"，凡事都想"通吃"，终有一天会撑破自己的肚皮。所以，不能把别人的友善当作软弱，从而没有节制地索取。当对方识破你的真面目，知道你品德败坏之时，便是你为自己的贪婪付出代价之日。

善与恶一念之间

一天中午，一只青蛙正坐在池塘边的一块石头上休息。可能是游得太累了的缘故，青蛙坐下后不久，便睡着了，并且很快进入了梦乡。

突然，青蛙被一种声音惊醒，打断它美梦的是一条眼镜蛇。

"你这个老家伙，快告诉我什么是天堂，什么是地狱！"眼镜蛇一边吐着信子，一边凶狠地说道。

"你这个可恶的家伙，不知道你残害了多少生灵。你不配生活在这个美好的世界上，更没有资格来问我天堂和地狱的秘密！"青蛙平静地看了一眼眼镜蛇，漫不经心地说。

　　"你这个老不死的家伙！竟敢口吐恶言来羞辱我，你一定是活得不耐烦了！"眼镜蛇骂完，就要把毒汁吐到青蛙的身上。就在千钧一发之际，青蛙指着眼镜蛇轻轻地说："这就是地狱！"霎时，眼镜蛇惊愕不已，它对这只敢以生命来教导它的青蛙充满了深深的敬意。就在它为自己刚才粗暴的行为向青蛙表示歉意时，青蛙说："这就是天堂！"

点睛妙语

　　善恶总相连，善与恶就在你的一念之间。有了恶念，你的世界就是地狱；如果能即时弃恶从善，地狱也能变成天堂。

勿以恶小而为之

　　一天，狮子在洞里休息时，觉得头上痒痒，便拨开毛发，在头皮上发现了一只跳蚤。狮子捉住了跳蚤，说："你这该死的东西，竟然来吸我的血，今天我就要了你的命。"狮子说完，准备用指头掐死跳蚤。

　　"唉，尊敬的狮子先生，请你不要掐死我？留我一条生路吧。因为你是那么庞大，而我是那么渺小，而且，我只吸了你一点点血啊！这对你并没有造成多大损失。所以，我的罪恶不足以让你掐死我。"跳蚤辩解道。

　　"不，我不会放过你的。我今天放了你，明天你会继续为害他人。"狮子说完，掐死了跳蚤。

点睛妙语

人常因小恶而放纵自己，任意为之，却不知，哪怕是最小的恶，也是对他人的一种侵害。而且小恶做多了，也会成为大祸害。如果你不及时改正自己的不良行为，一任小恶恣肆时，你最终会为自己的小恶而付出代价。

不要得意忘形

从前，猴子和卖艺人打赌，谁先从东山走到花果山，花果山上那个吃了可以长生不老的蟠桃，就属于谁。另外，猴子提出，输的那一方，还要终生成为对方的奴隶。卖艺人想也没想，便同意了猴子提出的条件。

第二天，猴子和卖艺人同时从东山出发。一路上，猴子为了向卖艺人炫耀自己的本领，一会儿从这棵树上跳到那棵树上，一会儿又在地上不停地翻着跟斗。

卖艺人见了，羡慕地说：

"尊敬的猴子，你太伟大了，我崇拜你。你的爬树本领、跳跃技艺真叫人佩服啊，这次我肯定输给你了。"诸如这样的话，卖艺人一连对猴子说了十九天。

猴子每次听了卖艺人的夸奖后，总是得意至极地想：

"你这个笨蛋，既不会爬树，又不会翻跟斗，怎么会走得比我快呢。要知道，翻山越岭可是我的强项啊，你就等着做我的奴隶吧！"

第二十天，当猴子又施展绝技，从这棵树跳到那棵树上时，却没听到卖艺人在树下称赞它，便想："卖艺人可能是害怕了，他知道比不过我，只好逃走了吧。"于是，猴子一个跟斗，一下子翻到了花果山。当它站直身子时，才发现卖艺人已先到了，正拿着那个蟠桃在美滋滋地品尝呢。

"这怎么可能？你既不会爬树，又不会翻跟斗，怎么可能比我先到呢？"猴子不解地问。

"正因为我既不会爬树，又不会翻跟斗，所以在你把时间花在表演这些绝技的时候，我已经在赶路了。"卖艺人说完，敲了一下手中的铜锣，说："从现在开始，你就是我的奴隶了。走，跟我卖艺去！"

点睛妙语

许多时候，我们不是跌倒在自己的缺陷上，而是跌倒在自己的优势上，因为缺陷常常给我们以提醒，而优势却常常使我们忘乎所以。

没有长牙的大象

森林里，大象不断地被人类猎杀，但人类并没有运走大象庞大的身躯，而是仅仅锯走了象牙。

大象们为了生存，终日东躲西藏，时时提高警惕，但还是难逃厄运，它们一只接一只地倒在了人类的枪口下。但奇怪的是，有一头公象却从未受到人类的威胁，它从容地到处转悠，有时还能到人类居住的村庄附近吃玉米。而且人类见了它，甚至还和它打招呼，表现得很友善。

其他大象对此极为不解。

"你有什么秘密吗？人类为什么从不伤害你，却总是把枪口对准我们呢？"大象族长问它道。

"你看我与你们有什么不同吗？"这头公象问族长和其他同类。

"你……你……的牙？"大象族长惊讶得说不出话来。

"是的，我没有牙齿。从很早以前起，我每天做的第一件事就是磨自己的牙，而正是因为没有牙齿，人类枪杀我就没有任何价值，所以我能从容、平安地生活着。"

点睛妙语

收敛锋芒，掩饰自己的优点，别人才不会防你，攻击你，而愿意和善地与你相处，就像文中的那头公象一样，磨掉了自己的长牙，就能在猎人的枪口下平安地生活。

别忘了他人

鸟儿国里，一年一度的时装表演大会上，孔雀团队设计的一款时装获得了评委的一致好评，并全票通过，孔雀获得了该年度的时装设计金奖。

颁奖大会上，春风得意的孔雀手举奖杯和鲜花，以灿烂的笑容让所有的镜头都聚焦于自己。

"请问，你对夺得此次大奖有何感想？"记者喜鹊采访时问道。

"我非常高兴，我非常激动！"孔雀一再用各种词汇描述自己得奖后的心情，却丝毫没有提及公司领导和团队的同事们对自己的栽培和帮助。

此刻，孔雀所在的时装公司的领导和全体同仁都在欢庆席上。它们看着被鲜花和镁光灯包围的孔雀，没有一个表现出高兴的样子，公司的老总山鹰，则沉着脸，只顾低头修理自己尖锐的爪子。

时装表演大赛结束后的第二天，所有报纸都在头版头条刊登了孔雀获奖后摆出各种姿势的照片，报纸的发行量打破了历史最高纪录。

第三天，出人意料的是，报纸的发行量又创造了一个新高，原来所有的报纸依旧在头版头条的位置上，刊登了孔雀被炒的消息和孔雀拎着奖杯孤独地站在街头的照片。从照片上，人们不难发现，仅一天之隔，孔雀脸上已全没有了获奖那天的光彩与荣耀，取而代之的是深深的失落与哀愁。

点睛妙语

有时候，当你一旦有了抛头露面的机会时，千万不要把领导和同事们晾在一边，不然，独自出风头，便是"自绝"于集体，等待你的往往只有两个字——"走人"。

顶撞与服从

年终快到了，动物王国的财政大臣老虎问助手狐狸：

"我准备交给狮王的那份财务报表你做出来了吗？"

"你什么时候让我做报表了？"狐狸三分惊讶，七分漫不经心地反问道。

"你怎么把我交代的工作忘得一干二净了？"

"我又不是圣人，什么事都记得清清楚楚。"狐狸抗议道。按常理，狐狸如果立即道歉，找个理由给老虎一个台阶下，并迅速做好报表交给老虎，老虎火气再大，顶多也就训它两句就了事了。但狐狸的一再顶撞，让老虎大为恼火。它厉声说："你不想干了，是吗？那请你另谋高就吧！"老虎说完，一个电话打到了财务科。一会儿，财务科的大灰狼结清了狐狸当月的工资。

狐狸拎着工资袋出门时，还在心里抱怨老虎的不近人情，却没想到，失业这条路是自己选择的。

点睛妙语

作为下级，服从是第一要务；而在工作中服从上级，是你与上司正常配合的前提，是融洽相处的一种手段，也是上司用来观察和评价你的一个尺度。

放低姿态不越权

一天，环球奶酪公司的重要客户黄鼠狼来访。接待它的是精灵鼠。

"请问你们的总经理呢？"黄鼠狼问。

"黄鼠狼先生，真对不起。总经理刚好昨天外出度假了。"精灵鼠礼貌地说。"我是负责业务的主管。请问你有什么事需要我向总经理转达吗？"

"是的，我这次到贵公司来，就是想向你们推荐我公司的新产品，即刚上市的'天天'牌新鲜纯牛奶。"

"你公司的牛奶质量有保证吗？"

"当然，我们的奶牛吃的饲料，是来自大草原上没受过任何污染的新鲜草料，挤奶工序科学、严格，有卫生部门颁发的合格证书。"黄鼠狼说完，把随身携带的各种证书都递给了精灵鼠。

精灵鼠看后，确认了黄鼠狼刚才所言都是真实的，加之公司近期鲜奶源严重不足，奶酪生产线面临停产，几个采购员正四处寻找奶源，于是，便自作主张地和黄鼠狼签下了这笔业务。

签下合约后，环球奶酪公司的奶源有了充足的保证，它们生产的奶酪很快就占领了全国五分之三的市场。而公司原先的许多竞争对手，都因缺乏奶源而纷纷停产。

总经理大灰鼠回来后，精灵鼠兴冲冲地把带有自己签名的文件交给了它，并站在一旁等待大灰鼠老总夸奖自己有眼光、有魄力，却没想到大灰鼠黑着一张脸，说："很好！鉴于你的表现，从明天起，你到库房去和田鼠一起守仓库吧。"

点睛妙语

放低姿态，学会摆正自己的位置，在自己的职位上有分寸地办事和做人，才能成为上司赏识的人。

平和地看待竞争者

小天鹅是东方歌舞团里的顶梁柱。它美妙婀娜的舞姿吸引了大量的观众，为票房的直线上升立下了汗马功劳。

后来，团里决定再招一名舞蹈演员，丹顶鹤幸运地被选上了。为此，丹顶鹤心里很激动。因为它一直是小天鹅的崇拜者，做梦都想和小天鹅同台演出。

上班的第一天，丹顶鹤便给自己立下目标，今后要拜小天鹅为师，好好学习它的舞技。然而小天鹅可不这么想，它把丹顶鹤当成了自己的竞争对手，认为丹顶鹤会抢了自己的风头。因此，尽管丹顶鹤在小天鹅面前恭恭敬敬、虚心请教。可小天鹅眼里就是容不下这粒"沙子"。它决意要捍卫自己"舞后"的地位，不惜一切代价也要把丹顶鹤挤走。

一次，山鹰大王要亲临歌舞团观看演出，事关重大。为了演出顺利，大雁团长决定临时把领舞者换成丹顶鹤，因为这一段时间，小天鹅在舞台上的情绪不佳，许多观众对它很有意见。

小天鹅知道大雁的决定后，以为是丹顶鹤从中作梗，便怒气冲冲地去练功房找丹顶鹤理论。可没想到气急攻心，眼前一黑，脚下一软，摔倒在地上，折断了身上那几根最漂亮的羽毛。这一下，小天鹅永远也不能再返舞台了。

大雁因不知内幕，以为小天鹅是因练功过度而伤了身体，便请来最好的医生啄木鸟为它治疗。

哪知啄木鸟医生为小天鹅把脉后说："它这是心病，肝火旺盛，气大伤身。这种病无药可治，唯一的方法是要靠它自己去调整心态，看淡一切，包容一切，才可慢慢痊愈。"

> **点睛妙语**
>
> 同事之间应该是相互合作、共同进步的关系,而不是相互挤压、相互排斥的"敌人"。只有互帮互助的关系才能长久,这是你融入集体以及这个集体也接纳你的一个基本前提。

同伴的价值

在农夫放工具的小屋里,一把锄头在地上跳跃、叫骂着:"你这愚钝的木柄,要你有什么用。你既不像我这样有结实的身板,能为主人开荒、锄草;又不像我这样有光滑、漂亮的外表,你完全是一个愚蠢的附属品,只会附在我的身上沾光。现在,请你滚开,我讨厌你。"锄头使出浑身的劲儿跳跃着,想把锄柄甩掉。

"你想过没有,如果没有我,恐怕主人再也不会喜欢你了。"锄柄说。

"你少废话!没有你这个累赘,我会更轻松,更自在。请识相点,趁早滚开吧!"锄头边叫边骂,边跳跃边拍打。终于,它把锄柄从它身上甩掉了。锄头顿时觉得一身轻松。

农夫要去锄地,当他看见锄头独自躺在工具房的地上时,随手就把它扔到了墙角,说:"没有了锄柄,你就是一块废铁,我要你也没有什么用了!看来,我得换一把新锄头了。"

> **点睛妙语**
>
> 生活中,我们常嘲笑同伴的愚钝,却不知道,一旦离开了他们,我们自己也成了"废品"。只有与同伴同心同德,相互尊重,相互配合,你人生的价值才能真正得以体现。

不如共享

在山脚下，狮子与野狼相遇了。这只狮子因年迈体衰，已无法独立觅食。不巧的是，野狼也正好因腿伤未恢复，好几天没捕到猎物了。

为了生存，它们决定协同作战，共同捕获猎物。这时，一头小鹿刚好从山脚下经过，狮子和野狼便一前一后地对小鹿实行围追堵截，由于配合得默契，小鹿终于惨死在它们的钢牙和利爪之下。

但在这时，狼起了贪念，它不想和狮子共同分享这只小鹿。于是，趁狮子还在忙于喘息之际，猛扑上前，准备一口咬死狮子。狮子拼命抵抗，但终因年迈体衰，加之刚才与小鹿已做了一场搏斗，狮子最终倒在了野狼的脚下。

可出乎意料的是，野狼也紧接着倒下了。原来，野狼在咬死狮子时，也耗尽了最后一点力气，它还来不及享受一口美味，便追随狮子的灵魂而去。

点睛妙语

这个故事告诉我们两点：一、和则荣，分则损；二、面对利益时，与其独吞，不如共享。

肺腑之言

傍晚时分，一位猎人在下山的路上碰上了一只野兔。这只野兔见自己撞上了猎人的枪口，已无路可逃，便吓得趴在地上一动也不敢动。

猎人因为已打了很多猎物，所以并不在乎眼前这只瘦小的野兔，但猎人仍想吓唬吓唬野兔，把它折腾一番后再回家。于是，猎人对野兔说：

"喂，小家伙，如果你老老实实地说出你心里所想的三件事，我就饶过你一命，如果有半句谎话，我就一枪打死你！"

野兔见猎人并未举起枪，便慢慢地恢复了镇静。它想了想，回答说：

"第一件事是：我希望自己一辈子平平安安，不要碰到猎人，因为碰到的话，我就没命了。

"第二件事是：万一不幸遇到猎人，我真希望你们都变成瞎子，那样虽然你们拿着枪，却看不见东西，也就没有办法打中我了。

"第三件事是：你们总是无休止地猎杀我们，可我们并没有做对不起你们的事情，所以，我希望上帝能惩罚你们，让你们死在山上，被兀鹰啃噬。"

猎人听完野兔的话后，说："你虽然很瘦小，但你说的话却是肺腑之言，我非常佩服你的坦诚和勇气，所以，我决定饶你一命，你赶快回家去吧！"

点睛妙语

有时候，把自己最真实的一面展示给对方，你的勇气和诚实也就有可能感化恶人，从而为自己争取一条活路。

把恩惠带给他人

夜晚，一群萤火虫正围着一只蝙蝠，听它讲故事。突然，它们听到一只小兔子的哭声，便跑了过去。

"喂，小兔子。你为什么哭泣呀？"蝙蝠问。

"天太黑，我找不到回家的路。"小兔子抽泣着说。

"我们送你回家吧。"一只萤火虫说。

"哼，就凭你那点儿光，还想给别人照明，别异想天开了。再说，做这么一点好事又能得到什么回报？"蝙蝠说完，一展翅膀飞走了。

萤火虫们没有理会蝙蝠的话，它们聚拢在一起，形成了一个小亮点，在小白兔前面慢慢地飞着。小白兔靠着萤火虫的亮光，终于找到了回家的路。

一天中午，这群萤火虫正在草丛中休息时，一条蜥蜴发现了它们，便偷偷地爬了过去，想把它们统统吃掉。恰好在此时，那只曾被萤火虫们护送回家的小白兔路过此地，它发现萤火虫们正处在危险之中，便猛地冲过去，赶跑了那只蜥蜴。萤火虫们得救了。

点睛妙语

将恩惠与友善带给周围的人，使他们从你身上获得益处。这样，在自己身处险境时，也会得到他人的帮助。

说话要注意分寸

鹦鹉是《鸟类王国早报》的宣传干事。在一次鸟类王国的宣传座谈会上，同事麻雀谈了一些自己对当前宣传形式的改进意见，这引起了鹦鹉的强烈不满。心直口快的它丝毫不隐瞒自己的观点，在会上慷慨激昂地进行反驳，以它扎实的理论，说得麻雀面红耳赤，哑口无言。

这次会上，鹦鹉为逞一时之痛快，实话实说，可导致的结果却是麻雀常在领导面前说它心高气傲，目中无人。

后来，领导一纸调令，鹦鹉被"流放"到一个报摊上当卖报员去了。

点睛妙语

把握好说话的分寸，管住自己的舌头，知道什么该说，什么不该说，而且该说的时候说得恰到好处，你的话才不会惹恼他人，"祸"就不会从口出，"火"也不会烧到你身上！

关于品行与良知

切忌刺探他人的隐私

龟先生到游乐园上班的第一天,见同办公室的兔小姐年轻、漂亮,心里很是喜欢。

中午吃工作餐时,龟先生端着饭盒来到兔小姐旁边,坐下后问道:"你这么年轻、漂亮,有男朋友吗?"

兔小姐听后,轻轻地皱了一下眉,但还是认真地回答说:"有。"

"那它爱你吗?"

"爱!"这次,兔小姐脸上布满了阴云,但龟先生还是不罢休。

"是那种真正的爱吗?"

"你真无聊!"兔小姐端起自己的饭盒,起身走了。

点睛妙语

社会复杂,每个人为了保护自己的安全,都有不希望为别人所知的隐私。即使是最要好的朋友,也有不该知道的隐私,何况是同事之间呢?所以,不要随便打听同事的隐私,除非对方主动向你说起。

聪明要用到点上

乌龟是一家水产品加工公司的职员,它的聪明是大伙公认的,但它在公司一直升不了职。和它同时进公司的几位同事,有的在外面独当一面,有的已成了它的上司。另外,虽然同事们都认为它聪明,但它的朋友并不多,不但下了班没有"应酬",在公司里也常是独来独往,好像不太受欢迎的样子。

乌龟私下里也常自我反省，但它始终找不出问题的根源，只好去请教山羊。山羊听了它的诉说后，说："你是过分聪明了！"

"聪明有什么不好？"

"聪明当然好，但要看你把聪明用在了什么地方。你如果把它用到工作中，当然是好事，但你把聪明全用在了分析同事工作的失误之处，这就犯了它们的大忌。其实每个人都难免有工作失误的时候，而你却总是喜欢在上司来检查工作之时，当着大家的面，指出某一同事工作上的错误。这样一来，你的上司会想：难道我是白痴吗？难道我还看不出它工作上的错误吗？而同事呢，也会在心里怨恨你，认为你是在故意出它的洋相，丢它的丑。这就是你在公司一直很被动的原因。"

"那我今后该怎么做？"乌龟虚心地问。

"把聪明用在本职工作上，该糊涂时就糊涂！"

点睛妙语

"该糊涂时就糊涂"，一个人过分聪明并不是好事。有时"糊涂"一点，对自己更有好处。有些事并不需要完全明白，或者说，自己心里明白即可，表面上还是糊涂些好。

别把钱包捂得太紧

"海螺，明天我们集体去郊游，你也参加吧。"下班时，海葵对海螺说。

"别人也去吗？"海螺说。

"对，海蟮、海龟、海星它们都去。"

"这么多人，该花多少钱啊！"海螺说完，下意识地捂了捂口袋中的钱包。

"嗨，费用大家平摊，花不了多少钱的。"海葵拍了拍海螺背上的壳说。

"那……那申请公司报销吧。"

"这是我们利用休息日自发去郊游？不是公司组织的集体活动，怎么可以由公司报销呢？"

"如果公司报销不了，我就不参加了。"海螺说完，把头缩进壳里，不再理会海葵了。

点睛妙语

身在职场，适当地参加集体活动，是很有必要的。对因活动而产生的费用，千万不可小气，把自己的钱包捂得紧紧的，这样只会被别人看轻。

好汉也需他人帮

狐狸是动物王国中最有名的珠算高手，当它被花卉公司的蝴蝶老总聘为主管会计时，心里好生得意。因此，从上任之日起，它就把同一个办公室的其他同事一点儿都没放在眼里。

一天，兔子拿着账本，来向它请教一个问题。

"没看到我正忙着吗？"狐狸推了推鼻梁上的眼镜，指着手中的报纸说。

"请帮我一下好吗？这笔账我真不知道该怎样处理。"兔子恳求说。

"我说过，我很忙！"狐狸点着了一支烟，跷起二郎腿，不再理睬兔子。它悠闲自得地一边抽着烟，一边欣赏着自己吐出的烟圈。

半年后，蝴蝶老总裁掉了狐狸的另外两位助手，只留下了兔子。这一下，狐狸必须事事亲自动手，由于公司业务量大，每天进出的账目特别多，狐狸也就没有了看报抽烟的闲工夫，有时累得不行了，可也不好意思去请兔子帮助一下自己。就这样，狐狸越忙越乱，越乱越忙，忙乱之中它接连记错了好几笔账，给公司造成了不小的损失。蝴蝶老总一怒之下，炒了它的鱿鱼。

点睛妙语

乐于助人的人，才能得到他人的帮助。身在职场，千万不要因为自己比别人的能力强一点，就拒绝帮助那些向自己伸出求援之手的同事。

功劳不是哪一个人的

黑暗中，一辆停在车棚里的自行车对它的同类说："喂，伙计，我那该死的主人，今天骑着我去参加比赛，夺得了冠军，这可是我的功劳啊！可当人们把他拥到领奖台上，给他挂上金光闪闪的奖牌时，我却孤零零地、满身灰尘地躺在赛场的一角。所有的记者，都把镜头对准了他，没有一个人想到我，也没有一个人把他夺冠的功劳归结到我身上，你说气不气人？"

"伙计，这有什么好生气的？你得感谢你的主人，如果没有他每天骑着你训练、比赛，你恐怕也像我们一样，长时间地停在车棚里，不仅满身灰尘，而且锈迹斑斑，永无出头之日了。"

"什么？照你的话来说。我还得感激我的主人呐？"

"当然。"

"可没有我的帮助，没有我的两条腿，单凭他那麻秆似的身材，他能夺冠吗？"

"的确，你的两条腿为他夺冠起到了关键性的作用，但是，没有了他的两条腿，你就只能一辈子躺在这里，直到成为一堆废铁。不信？你试试！"

点睛妙语

任何事情都不是孤立的，都是相辅相成的。和则赢，分则损，做人也如此。当你一味强调自己的功劳时，请别忘了，没有他人的努力作为基础，你是不可能踏上冠军的领奖台的。

与人共享才能实现双赢

火辣辣的太阳照耀着大地。一位赶路的商人受不了太阳的炙烤,便雇了一头驴子,想加快脚程。

半路上,商人被晒得吃不消,便停了下来,坐在驴子的影子里,躲避阳光。

"对不起,先生。你只雇了我的驴子,并没有雇它的影子。所以,这个位置应该属于我。"驴的主人说完,不客气地把商人从影子里赶了出来,自己蹲在影子里面。"哼,我花钱雇了驴子,驴子的影子就属于我,只有我才有权利享受!"商人当然不让步,便和驴子的主人吵了起来。

驴子的主人也不甘示弱,他跳起来和商人纠缠在一起,两人互相殴打起来。等他们双方精疲力竭而累倒在地上时,才发现驴子早已逃走了。

点睛妙语

在生活中,学会与人分享,是一门艺术。可惜很多人常常只顾一己之利,而为此争夺不休,却忽略了更重要的东西,就像商人和驴子的主人一样,不懂得轮流分享影子,最终连驴子也跑掉了。主人损失了驴子,商人在自己走路的同时,也损失了一笔佣金。本来可以共享的好事,却因他们的自私,而使双方都成了"输"家。

识时务者为俊杰

一天,一个百发百中的弓箭手到森林里去打猎。林中的野兽在他到来时都纷纷躲避,只有狮子独自向他挑战。

弓箭手朝狮子射了一箭后，说："我先让你看看我的信使的厉害，好让你知道我本人攻打你时的厉害。"

受伤的狮子转身向森林深处逃窜，狐狸见了便说："你一定要勇敢，要敢于和猎人做斗争。你是如此威猛，又有力气，怕他干什么？"

"你劝我也没用，我必须逃走，他的信使都那么可怕，何况是他本人呢，我怎么能抵挡得住他的进攻呢？"

点睛妙语

有时候向人示弱，不是一种怯懦，而是一种智慧，一种自我保护。明知"来者不善"，而自己又没有力量与其抗衡时，"走"是上上策，如果和对手硬拼，受损失的肯定是你自己。

嫉妒之心不能有

大象代表动物王国和矮人国的大力士雄雄比赛摔跤，结果大象战胜了雄雄。为了表彰大象，动物王国和矮人国的国王共同颁旨：在两国的交界处，为大象立了一块石碑。

战败的雄雄十分嫉妒大象，他在黑夜的掩护下，偷偷地跑到石碑处，用随身携带的锄头拼命地刨石碑下的土，想把石碑推倒，以消心头之恨。

小矮人挥锄拼命地挖，石碑终于如他所愿地倒了下来，但也恰好压在他的身上，把他活活地压死了。

点睛妙语

我们应该想尽一切办法克服嫉妒心理。只有有意识地对这种不健康的心理进行自我调适，才能坦然地面对失败，坦然地接受自身的缺点。

怒由心生

老虎常常发脾气，很多动物因此而不敢接近它。

狮王为了动物王国的安宁，便令老虎检讨自己。可老虎却认为，自己每次发怒都是别人引起的，故不愿意向其他动物表示歉意。

狮王大怒，便令老虎到一座深山中修炼，让老虎什么时候变得心平气和了，什么时候再重返动物王国。老虎不敢违抗狮王的命令，只好独自来到那座深山里修身养性。

一天，老虎拿着一个陶罐到河边去打水。快到山顶时，老虎把装满水的罐子弄倒了，水全洒了出来。老虎只好拿着陶罐再到山脚下的河边打水。但是，在打完水往回走的半路上，老虎因抬头看天空飞过的雁群，不料脚被地上的葛藤绊了一下，陶罐里的水又全洒了。一气之下，老虎狠狠地把陶罐摔到了路边的青石上，陶罐破了。

老虎看着满地的陶罐碎片，自责不已地说："我从前发怒，总以为是别人惹的。现在只有我自己，也能发这么大的脾气，可见它是从我自己心中生出来的。"

点睛妙语

如果你不控制自己的情绪，情绪就会控制你。因为问题的根源，很多时候都在我们自己身上，可我们却总是习惯把错误归咎于他人。学会控制自己的情绪，就能冷静地处理事情。

牛虻

一天，神见一位农夫正在犁田，便走上前去，准备和他聊一会儿天。

农夫见神与自己打招呼，便赶忙停下手中的活计，掏出一支烟敬献给神。

神在伸手接过香烟的同时，却突然发现那头牛正在不安地摆动身体。他仔细一看，原来在牛的腹部，有一只巨大的牛虻正叮在那里吸血。神赶忙伸出手，想打死那只牛虻。

农夫忙阻止道："尊敬的神，你可千万不能打死了它。要知道，正是因为这只牛虻的叮咬，这头老牛才没躺下而是在一直不停地动着。"

点睛妙语

在你努力摆脱讨厌的人和烦恼的事之前，你不妨静下心来，仔细思量一下，就不难发现，在那些讨厌的人和烦恼的事情背后，其实有可能隐藏着影响你一生的好运。

不要自作聪明

狐狸一直怀疑驴的听力有问题，可驴却坚持说耳背的是狐狸自己。为了证明自己的判断是正确的，狐狸决定对驴进行一次考验。

一天，狐狸轻手轻脚地走到磨坊里，对正在磨面的驴说："喂，你听到我的声音了吗？"

可驴没有反应。狐狸只好走到驴的身后，说："你听到我的声音了吗？"

可驴仍然没有反应。狐狸只好走到驴的跟前，拍着它的肩头说："你听到我的问候了吗？"

"滚！你这个烦人的家伙，我这是第三次回答你相同的问题了。"驴骂完，一脚把狐狸踢到了磨坊外。

点睛妙语

> 自以为聪明是我们人类的弱点之一。那些自己耳背的人，常把别人当成聋子。然而自以为聪明者却常常为自己的"聪明"付出惨重的代价。因此，这样的聪明不要又何妨。

与其报复，不如宽恕

一只被狗妈妈宠坏了的小狗，有一天偷偷从家中跑了出来，在村子里四处闲逛。当它逛到一个磨坊前，见驴子刚好卸了眼罩，在磨盘旁休息，这只小狗便跑了过去。

小狗向驴子不停地摇着尾巴问好，表示愿意与它交朋友。

"滚开，你这个终日无所事事的家伙。"驴猛地一脚踢在小狗的肚子上。小狗痛得在地上打了几个滚，才翻身爬起来呜咽着跑开了。

从此，仇恨便在小狗的心里慢慢地滋生，它发誓要寻找机会报复驴。

过了几天，小狗又假装闲逛，偷偷地来到了磨坊。它见驴被蒙着双眼，正在拉磨盘，觉得机不可失。于是，它冲上去，朝着驴子的屁股狠狠地咬了一口。

驴痛得拉着磨盘拼命地跑，并且不时高声号叫，小狗则叼着驴肉得意地跑开了。

谁知，就在这只因报复而快乐着的小狗停下来啃食驴肉的时候，听到驴的哀号声而赶来的驴主人，领着两个伙计拿着长棍，他们找到了小狗并对它一顿暴打。

"唉，我的命算是完蛋了！假如当初我容忍了它对我的冒犯，也不至于落到今天的这般下场。"随着一声长长的叹息，它死了。

点睛妙语

　　面对别人的冒犯，最明智的做法是包容、原谅、宽恕，而报复是一种最下等的手段。因为报复给你带来的快乐越多，你付出的代价就越大。所以，与其报复，还不如宽恕。

你争我斗不如和睦相处

　　果园里，一串串葡萄刚刚成熟，主人还来不及把它们采摘回家。

　　一只山羊从果园里路过，见主人不在，便拼命地吃起葡萄藤上的叶子来。

　　葡萄藤忍受着剧痛，对山羊说："我又没有惹你、伤害你，你为什么偷吃我的叶子呢？这园子周围到处都是青草啊！如果你再不离开，仍然吃我的叶子，咬断我的身子，我就要报复你——当你被杀了做成祭祀品时，我就酿成葡萄酒来庆祝你的死亡！"

点睛妙语

　　自然界里虽然弱肉强食，物物相克，但也要互相帮助，才能有和谐的生存环境。人的世界也是如此，和睦相处才能避免无谓的争斗。

恶意有恶果

　　有一只流浪的猫无意间溜进了一位贵妇人的浴室里，这间浴室四周都镶着镜子。

　　流浪猫心想："这下我可交上好运了，贵妇人说不定会收留我当她可爱的宠物呢。"

就在流浪猫得意扬扬之际，突然发现有很多猫同时出现在了浴室里。它大吃一惊，以为这些猫是来与它争宠的。

于是，流浪猫便开始龇牙咧嘴，并猛地用爪子刨着地板，发出阵阵低沉的吼叫声，想把其余的猫赶走。

然而，流浪猫没有料到的是，它周围的那些猫也都冲着它龇牙咧嘴，那样子与它一样的凶狠。流浪猫吓坏了，不知所措。流浪猫开始绕着浴池没命地跑起来，拼命地想摆脱其他猫。可它一跑，满浴室的猫也跟着跑。

流浪猫疯了。

点睛妙语

不知谦恭和睦的人，不但会受到物质上的损失，而且还将因此失去一切生活上的情趣。但假如你试着对周围的恶劣环境或人们积极主动地表达心中的善意，你的情况一定会有所改变。

不要过于追求虚名

乌龟在日本有很高的地位，日本国民视它为图腾、吉祥物、长寿的象征。故生活在日本的乌龟，都养成了一种骄傲自大的心理。因为，它们被日本国民宠爱得失去了理性。

一天，一只生活在日本的乌龟漂洋过海来到了中国。它大摇大摆地来到了一条繁华的大街上，满以为街道上的人会对它的到来表示热烈的欢迎，至少会为它献上一个美丽的花环。

可不曾想到街上的人见到它后，都纷纷避让。只有一个三岁的小孩，从未见过乌龟，很是奇怪，便上前在它身上摸了一下。

乌龟又气又急地想："是不是我的地位太高，这里的人们更加敬畏我？不敢靠近我，是不是怕冒犯我？"如此一想，乌龟又得意起来。

乌龟继续往前爬，它看到了一家动物模型专卖店，便兴冲冲地爬了进去。它想确定一下自己的模型标价是不是最高的。因为在日本，连三岁的小孩都知道，乌龟的模型标价最高。

乌龟发现其他动物模型都贴有标价，唯独自己的没有贴，便开心地想："天啊，原来我在中国的地位比日本还要高，我是无价之宝！所以没法给我标价呢。"

"请问你想买点什么？"店主问。

"我想买一个海虾模型。"乌龟说。

"好的。"店主麻利地把海虾装进一只塑料袋后，又顺手把一个乌龟模型放了进去。

"不，我只买一个海虾模型。"乌龟连忙说。

"我知道，但在我的店铺里，买海虾或其他模型，我们一律为它送上一只乌龟模型。乌龟模型作为添头儿，白送。"店主说。

点睛妙语

人类也常有乌龟这样的心理：喜欢把自己的快乐、幸福和价值等建立在别人认可的基础上，希望走到哪里都能得到赞许。这本也无可厚非。但如果把这种赞许当成一种必不可少的需要，像乌龟一样去寻求自己虚拟的"光环"，就会走进人生自恋型性格障碍的误区。

退让有时是一种勇敢

一天，山羊驾驶着自己心爱的跑车外出办事。当它的车驶上一座只能独行的木桥中央时，桥的对面，狐狸也驾驶着它那辆红色的跑车驶上了桥头。

一只在桥的上空盘旋的老鹰见了，便大喊道："狐狸兄弟，山羊老哥比你先上桥，你应该后退，等它过去了你再上啊！"

"哼！你的嘴巴真多事！你以为我没看见它的车先驶上了桥吗？可我就是不让，看它拿我怎么办！"狐狸抬头朝老鹰叫嚷了几句后，就加快速度，朝桥心冲去。

山羊见状，便把自己的车慢慢向后倒到桥头，为狐狸让开了一条路。

"怎么样？还是我牛吧！"狐狸得意地朝老鹰喊道。

"不，狭路相逢，退者为勇！"老鹰说完，不再理睬狐狸。

点睛妙语

"退"不是怯懦，而是一种智慧，一种态度，一种手段，一种真正的勇！有退才能有进，如果你能应用好"退"，对自己的人生将大有益处。

客观公正地看待他人

动物王国在开联欢会，兔小姐和狼先生在一起翩翩起舞，野猪、大象、松鼠等聚在一起，一边喝着香槟，一边聊天，场面十分热闹。

忽然，山羊发现黄鼠狼独自坐在一个黑暗的角落里，低垂着头，一副伤心的样子。

"你怎么了？为什么不和大家一起跳舞、聊天？"山羊走过去关切地问。

"我去了，音乐刚响起时，我上前邀请兔小姐跳舞，它却礼貌地拒绝了；当我端起香槟，准备加入聊天的队伍时，刺猬总是有意无意地用它尖利的刺来扎我，我只好离开它们，独自一人坐在这里。"黄鼠狼说完，伤心地流下了眼泪。

"孩子，别哭了，我去问问它们，为什么要这样对待你？"山羊摸着胡须，走到了刚从舞池中出来的兔小姐身旁。

"山羊大哥，我们去跳支舞好吗？"兔小姐见了山羊，热情地邀请道。

"谢谢你，我的腿伤还未好，现在不能跳舞呢。"山羊向兔小姐表示歉意后又问道，"你既然喜欢跳舞，刚才为什么拒绝了黄鼠狼先生的邀请？"

"我不喜欢它。"

"就因为它的个子比狼先生矮？"

"不全是因为这个，主要是我担心它突然放屁，要真是那样，非把我臭昏过去不可。"

"的确，黄鼠狼的屁是很臭，但它不会随便就放的。""那可不一定，谁也保证不了。上次为玉帝祝寿时，它不就当众放了一个响屁吗？听说，玉帝因此差点要了它的小命。"

"是有这么一回事。但此一时，彼一时。你不能总抓住它的缺点不放吧。"

"就是打死我，我也不愿与它跳舞。"兔小姐说完，扭动着腰肢，又去找其他动物跳舞去了。

"为什么不让黄鼠狼和你们一起共饮香槟？听说，你还用刺扎了它？"山羊走到正在喝香槟的动物们身边，对刺猬说道。

"它自以为和我关系不一般似的，居然站在我身边喝香槟，我才不愿意呢。所以，我就用刺扎了它。"刺猬满脸的不高兴。

"它身上那股味儿，难闻死了。"大象甩了一下鼻子上的香槟说道。

"可你们故意冷落它，这多伤它的自尊心呀。"山羊说。

"它如果有自尊心，就不会放那么臭的屁！"老虎摇晃着香槟酒瓶说。

"这就是你们冷落黄鼠狼的真正原因？"

"是的。另外，谁叫它长得比我还高呢。"刺猬又使劲地抖动了一下身上的刺。

"这世上没有完美的人和事，谁都有缺点。你们大概忘了吧，前年有几个猎人偷袭我们，幸亏黄鼠狼及时发现了，但它来不及一一通知我们，只好放了一个臭屁，把熟睡的我们都熏醒了，我们才得以逃生的。"动物们听了山羊的话后，都低下了头。

点睛妙语

其实，每个人都有缺点，如果你不去斤斤计较，而以一颗宽容之心待之，则每个人都是很好的人。

不要用强制手段逼迫他人

渔夫抓了一只乌龟,并把它带回了家。

渔夫的小儿子想和乌龟交个朋友,因为每当父亲出海时,他独自待在海边的小木屋里,实在是太孤单了。可乌龟丝毫不领小男孩的情。无论小男孩是用食物来引诱它,还是用棍子敲它的壳来胁迫它,乌龟始终把头和四肢都缩在壳里,不朝小男孩爬出半步。

这时,渔夫烧了一堆干柴,并把缩成一团的乌龟搬到了火堆旁。慢慢地乌龟伸出了头,紧接着又伸出了爪子。它好奇地看了看四周,便径直地朝小男孩爬去。

点睛妙语

当你用强硬的手段逼迫他人就范时,只会引起对方更大的不满和反抗。要想打开他人的心扉,给他人以仁爱、温暖、关怀,是最简捷、最有效的方法。

伤害别人也会害了自己

一条渔船在大海上航行。但不知什么时候,一只老鼠躲进了舱里。

老鼠偷吃渔夫的粮食,咬坏渔夫的衣服,更为可恶的是,老鼠还在一天深夜咬断了桅杆上系着船帆的绳索,使渔船不能借助风力全速航行,而延误了归期。

渔夫们恨透了这只老鼠,他们用尽了各种办法去捕捉它,想抓住它并把它扔进海里去。

但这只老鼠极为狡猾,它使出看家本领,在船底打了无数个洞,并且洞洞相连,使渔夫们根本无法捕捉到它。它还把渔夫们仅剩的一点儿粮食都藏进了船洞里。

一天，老鼠决定再在船底打一个又大又深的洞。洞终于打通了，但同时，海水也灌了进来。

点睛妙语

无论在什么时候，我们都不应有伤害他人的想法。伤害他人就是伤害自己。在这个世界上，伤害他人的人当中，从来就没有人得到过幸福。

让别人需要你

老山羊是动物王国的预言家，因为它的预言往往能被证实。因此，老山羊在动物王国享有极高的声誉。

狮王担心长此下去，老山羊会威胁到自己的地位，便决定找个理由，置其于死地。

一天，狮王决定召见老山羊。在此之前，狮王命令老虎、狼等事先埋伏在宫殿周围，以击掌为暗号，一听到击掌声，老虎、狼等一齐冲出来，将老山羊咬死。

老山羊应召而来。狮王准备在拍响巴掌之际，又突然停了下来，它想问完最后一个问题再杀老山羊也不迟。

"你声称了解占星术而且能占卜别人的命运，那么请你告诉我，你今后的命运如何，你能活多久？"狮王问老山羊道。

"我今后有享之不尽的荣华富贵，并能在大王驾崩的前一天去世。"老山羊摸了摸下巴上的长须，含笑回答道。

面对老山羊的回答，狮王怔了好一会儿，最后挥手让老山羊回去了。

事后，狮王派御医啄木鸟全力照顾老山羊的健康，并慷慨地赐给它大批金银财宝。狮王甚至每天都为老山羊祈祷，希望它能好好地、健康地活着，因为只有如此，它自己才能活得更长久一些。

点睛妙语

真正具有大智慧的人，总是宁愿别人需要他，而不是让别人感谢他。因为别人有求于你，才会将你铭记于心，而感谢之辞转瞬即逝。所以，如果在生活和工作中，你能不断完善自己，使别人觉得你是不可替代的，那么你就已经离成功不远了。

一事当前忍为高

老虎坐在树底下，一副闷闷不乐的样子。

"喂，老兄，谁又惹你生气了？"一头到树下乘凉的黄牛见了，关切地问。

"还能有谁？狮子呗。"

"哟，你还敢和顶头上司抬杠？"黄牛说。

"它就仗着是我的上司，每次去抢占别的山头时，只要是失利了，它都在玉帝面前把责任推给了我。"老虎生气地说。

"老兄，我看你还是忍忍吧。如果闹翻了脸，矛盾就会加剧，长此下去，你还能与它一起共事吗？"

"可我还是咽不下这口气。"

"很多事情玉帝都了如指掌，只是未点破而已。你应该体谅一下狮子，毕竟它年事已高，难免有犯糊涂的时候。"

老虎听了黄牛的话后，心情豁然开朗，它不再事事与狮子计较，而是忍让着，像以前一样尊重狮子。

事后不久，当狮子退休时，它主动向玉帝推荐老虎为自己的接班人，玉帝欣然同意了。

点睛妙语

俗话说："心字头上一把刀，一事当前忍为高。"忍作为一种处世的艺术，对任何人来说，都是不可缺少的。学会了忍耐，就会为自己赢得良好的人际关系，从而也给自己带来好心情。

生气于事无补

狮王正在睡觉，一只饥饿的蚊子飞了过来，停在它的左脸上，并且毫不客气地在上面叮了一口。

狮王被蚊子叮醒了，它气恼地扬起巴掌，一下子拍打在自己的左脸上，左脸瞬间就肿了起来，蚊子却从它的指缝间飞走了。狮王见没打着蚊子，反伤了自己的脸，就越发气恼起来。它破口大骂道："你这只该死的蚊子，竟敢在我的头上动土。等我抓住了你，一定把你放进油锅里炸透！"

"哼，好狂妄的狮王，尽管你我的身材相差万里，但我看你也没法奈何于我。"躲在狮子尾巴上的蚊子听到狮王对自己的辱骂后，为了报复，它关掉了自己的"音箱"，悄无声息地飞到狮王的右脸上，拼尽全力地又叮了一口。

"该死的蚊子，这次我看你往哪里跑！"狮子边说边扬起右手，狠命地拍打在自己的右脸上。结果却同上次一样，蚊子没打着，反把自己的右脸也打肿了。

点睛妙语

生气能解决问题吗？气生了，恨却未消，有时还添上新愁，反复如此，值得吗？

不要伤害他人的自尊

东海龙王三太子登上王位的第一天,便决定罢免一位朝廷重臣,以树立自己的权威。思来想去,它决定罢免父亲在位时的龟宰相。虽然它深知龟宰相对朝廷忠心不二,且在其他大臣中具有极高的威望,但龙王三太子还是找了个莫须有的罪名,在早朝时罢免了龟宰相。

龟宰相也知道龙王三太子的用意,但它不想为自己申辩,只想平安地度过晚年。没想到龟宰相的忍让态度,却让龙王三太子觉得自己的决定十分正确。以后,它动不动就在朝会上对其他臣子说:"我连三朝元老的龟宰相都敢罢免,更何况是你们。"

龙王三太子的做法引起了其他大臣的强烈不满,大臣们不再信任它,爱戴它,背地里都称它为暴君。

后来,虾兵蟹将们都纷纷离开了东海,去投靠西海的龙王去了。

点睛妙语

对他人最大的伤害,莫过于无视对方的自尊,无论你处在什么样的位置,都要体谅他人的心情,尊重他人才会得到对方衷心的爱戴。无论在什么情况下,都不要伤害他人的自尊,你给对方留一分面子,就是给自己留一条后路。

责怪他人前先检查自己

山庄里,农夫养了一条狗。

一天,农夫穿着一身蓝色的衣服去地里锄草。不巧的是,中午时分,天空突然下起雨来。雨水淋湿了他外面的衣服，农夫赶忙往家里跑。半道上，雨又突然停了。农夫就脱下外面的蓝衣服，穿着一身白内衣回来了。

刚走到家门口，那条在农夫出门时还对他摇头摆尾的狗，竟然对农夫大叫起来，就像不认识他似的。

"你这瞎了眼的蠢东西，简直变得越来越愚蠢！我是你的主人，可你居然装作不认识我的样子，朝我大叫，如此羞辱我，我今天非打死你不可！"农夫骂完后，顺手操起了手中的锄头。

"主人，你不要总是责怪我，你自己穿着蓝色的衣服出去，穿着白色的衣服回来，作为一条狗，我怎么能够马上认出你来呢？假如我一身黑毛出去，回来时变成一身黄毛，你要能认出我才怪呢！"

农夫顿时无言以对。

点睛妙语

遇事先反省自己、检讨自己，你就不会犯像农夫那样的错误。

鼓励胜于苛责

有一位财主很喜欢吃红烧鸭肉。但他常责难厨师，要么说鸭肉上还沾着鸭毛，要么就是责怪厨师盐放得太少。

后来，财主发现厨师每次端上桌的鸭子都只有一只腿，于是更加严厉地责怪厨师，认为他偷吃了。

"你看，鸭子本来就只有一条腿。"厨师指指窗外说。财主往窗外的水池边一看，只见在水池中休息的鸭子，真的只撑着一条腿。

财主马上出了门，来到水池边，拍了拍巴掌，惊醒了鸭子。鸭子便伸出两条腿，一摇一摆地走了。

"你看看，只要鼓励一下，鸭子就有两条腿了。"厨师对财主说。

> **点睛妙语**
>
> 对待犯错误的人，要以一颗宽容的心去体恤，要多鼓励，少责难。当你对他人的赞美多于斥责时，对方也就会改变得更快。

站在别人的立场想一想

太阳宣布要娶媳妇，青蛙知道这件事后，把太阳告上了天庭。

"说说你告太阳的理由吧。"玉帝对青蛙说。

"现在只有一个太阳，已足够使池塘中的水干涸，使我们死亡。可现在它准备娶媳妇，那么就会多了一个太阳，这样我们还有活路吗？"

"如果不让太阳娶媳妇，那是不道德的，总不能让它一辈子孤家寡人地过日子吧，你们不也是成双成对地生活吗？"

青蛙觉得玉帝的话很有道理，便低下头，表示不再抗议太阳娶媳妇了。

"这样吧，我让太阳的妻子只在晚上露面，它们轮流挂在天空，你们就不会感受到太多的热量，池塘的水也不会很快干涸了。最重要的是，你们晚上就不用总是生活在黑暗中了。"

玉帝判决的结果使青蛙和太阳都皆大欢喜。

> **点睛妙语**
>
> 当你的欲望有可能与别人的利益冲突时，应先站在别人的立场上想一想，千万不要为了满足自己的欲望，不惜牺牲他人的利益，甚至给他人带来伤害，这是一种极为自私的行为。当你理解了他人的行为时，也会为自己带来更多的方便。

有些话就当没听见

动物王国的早朝会上，小鹿向狮王献上了一条振兴动物王国经济的计策。狮王听后，觉得很有价值，并具有可行性，便对众动物训诫道：

"你们身为朝廷重臣，可很多人只顾自己的个人利益，从不把国家大事放在心上，今后，你们要向小鹿学习，把国家的事当作自己的事，时时为国家多考虑点！"

"遵旨！"众大臣们赶忙跪下。

"哼！就知道拍马屁！"海豹因为心里嫉妒小鹿，便在后面低声说道。

"放肆！你在胡说些什么？"狮王一拍龙案，面带怒色道。

"我……我……"海豹见自己刚才的话已被狮王听到，吓得跪在地上不停地磕头。

"尊敬的大王，我离海豹最近，没听见它说什么呀？"小鹿站出来说道。

"罢了，今天看在小鹿为你说情的份上，我暂且饶过你。"狮王余怒未消地说。

退朝后，老虎、大象等一帮大臣团团围住小鹿道："刚才我们都听到了海豹说你的坏话，可你为什么还在狮王面前为它求情？"

"我真的没听见海豹说什么。"小鹿微笑着对众大臣说。

"可你的耳朵不背呀！"大象追问道。

"的确，我的耳朵不背，但海豹那句话只进了我的耳朵，没进我的心。所以，我等于是没有听到它说的那句话。"

点睛妙语

在生活中，能真正做到对他人讽刺自己的话"入耳而不入心"的人没有几个。也正因为如此，我们更应该要求自己努力做到这一点。因为"装聋"能换来和平，能避免两败俱伤！而且能在没有硝烟的情况下，让你夺得最后的胜利。

嫉妒心会害了自己

山脚下，一条小河唱着歌欢快地流向远方。河岸的青草丛中，有一块石头见小河总是那么快乐地唱个不停，便叹息道："唉，这世道越来越不公平了。你瞧那小河，它凭什么想到哪里就到哪里？它饱览了世间一切美景，而我只能静静地躺在这里。论性格，它柔弱无比，哪里比得上我的刚强；论品质，它曲迎善变，哪里比得上我的刚正不阿！"

"算了吧。石头兄弟，在这个世界上，每个人都有自己的特点，有自己的生活方式。你何必因别人的快乐而痛苦呢？其实，你生活得也挺滋润的，你的身边环绕着鲜花绿草，温暖的阳光从早到晚照耀着你，行路人也常歇下来与你聊聊天，而且你不必为生计发愁，难道这样的日子还不能令你快乐吗？"石头身边的一棵柳树劝它说。

然而，这块石头被心中的嫉妒之火燃烧着，它听不进任何善意的劝告，它决心豁出去，阻止小河的欢乐。

一天，一个行路人坐在石头上休息，石头觉得机会来了，它便对行路人说："请你行行好，将我推进小河里，我要阻止小河随心所欲的生活，我要毁掉它的快乐。哼，最起码它也得带着我去周游世界。"

"可是，依你的力量，你是根本无法阻止小河流淌的。再说，小河并未冒犯你，你们彼此为邻，你应该为它的快乐而快乐呀！"行路人劝道。

"求求你了，"石头再三恳求行路人，行路人只好把石头推进了小河里。

小河欢快地流淌着，它想带上石头去周游世界，可石头太重了，石头只随着小河走了几步，便陷进深深的淤泥里，出不来了。

这块妒忌的石头在淤泥里谩骂着。现在，它既无法阻止小河的快乐，又无法从淤泥里出来，它的痛苦更深了。

> **点睛妙语**
>
> 如果嫉妒而不失去理性，则可以由不安、痛苦和怨恨，转化为危机感、上进心和忧患意识，但如果嫉妒心理太盛，则会害了自己，甚至会把自己送进万劫不复的深渊。

拒绝诱惑

动物王国里，神偷小老鼠窜到王宫中，偷走了狮王后的一串珍珠项链。黑猫警长带着一帮探员，在整个动物王国里布下了天罗地网，发誓要抓住小老鼠。

神偷小老鼠见风声越来越紧，灵机一动，便带着偷来的珍珠项链，躲进了虎将军的书房中。神偷小老鼠盘算着，黑猫警长肯定想不到珍珠项链会藏在虎将军的书房里，所以绝对能保证安全。

没想到神偷小老鼠刚溜进书房，便被虎将军发觉了。于是，神偷小老鼠便请求虎将军，同意它把珍珠项链藏在书房里。但虎将军断然拒绝了神偷小老鼠的请求，并准备立即报警。

"且慢！"神偷小老鼠拦住了虎将军的去路，"虎将军，咱俩做一个交易。我给你一颗珍珠作为回报，怎么样？"

"不！"虎将军坚定地摇了摇头。

"那么五颗呢？"

虎将军依旧拒绝了。

"给你十颗，好吗？要知道这个数目是珍珠项链的一半！"神偷小老鼠仍不死心地说。

"快给我滚出去，你开出的数目，已快接近我心里的想法了。"虎将军说完，一把将神偷小老鼠推到了门外，并紧紧地关上了书房的门。

点睛妙语

面对致命的诱惑,要有及时拒绝的勇气,别让诱惑逐渐软化你的意志。因为失去金钱,只是失去一点儿东西而已。但如果失去了勇气,一切东西都将失去,包括尊严与自由。

贪是一枚"苦果"

有个牧羊人,常喜欢把带的午餐和酒,放在半山腰的一棵松树的洞眼里。

一天,一只饥饿的狐狸发现了牧羊人的秘密。它等牧羊人走远后,就爬进松树洞里,把牧羊人的午饭吃得精光,而且把酒也喝得一滴不剩。

当狐狸抹了抹嘴角的油,准备爬出树洞时,却因肚子胀大了,根本无法从树洞里爬出来。狐狸急得哭了起来。

一只路过的小兔子听到了狐狸的哭声后,便上前问它哭什么。当它知道狐狸被困在松树洞里的原因后,说:"你这是自作自受!你偷吃得太多了,只能待在里面,等你肚子饿得像你当初进去时一样空瘪,你才能出来。"

可狐狸等不到那个时候了,因为牧羊人很快就会来拿午餐和酒。

中午,当牧羊人看到一只狐狸挺着大肚子躺在树洞里时,便明白了一切。牧羊人搬来一块大石头,堵住了树洞口。

狐狸被活活地饿死在了树洞里面。

点睛妙语

"贪"常常使人陷入进退两难的窘境中,只有放弃所贪之物,才能让自己重新进退自如。

比魔鬼还厉害的东西

狼和狐狸行走在山道上,看到老山羊背着采草药的筐子,慌慌张张地从一片树林里跑了出来,它们便赶忙拦住老山羊,问:"你怎么啦?森林里有魔鬼吗?"

"我看到的那个东西比魔鬼还厉害,它能吃人。"老山羊战战兢兢地说完,又准备拔腿狂跑。

"请告诉我们,那东西到底是什么,真能吃人吗?"狼和狐狸一前一后地夹住了老山羊,非要问出个究竟不可。

"是一堆金条。"

"在哪儿?"狼和狐狸同时问道。

"就在森林里的那块大青石下面。"老山羊说完,夺路而逃。

狼和狐狸立即跑到森林里,找到了那块大青石,果然发现青石底下有一堆金条。

"这只愚蠢的老山羊!"狼对狐狸说,"它竟然把贵如生命的黄金,说成是吃人的东西。"

狐狸点了点头,表示赞同狼对老山羊的看法。

"让我们想想办法吧。如果我们在光天化日之下,把金条带回去,肯定不安全,必须在黑夜里悄悄地拿回家。现在,我们留下一个在这里守着金条,另一个回家去拿饭来吃吧。"

狐狸同意了。它撒开四肢跑回自己的山洞,为自己和狼准备晚餐。

这时,守着金条的狼想:"真遗憾,现在这些金条有一半要分给狐狸,那么我就不能独吞了。不行,我得想个法子,在狐狸来之前,置它于死地,这样金条就全归我了。"想到这里,狼便偷偷地折断了一根粗树枝,准备在狐狸来时,趁它不备,一棍子击在它脑门儿上,狐狸肯定会当场毙命。

就在狼想着法子除掉狐狸时,正在家里准备晚餐的狐狸也在想:"假如没有了狼,那堆金条不就属于我一个人了吗?"于是,它把一些毒药撒在一只煮熟的老母鸡身上,心想:"狼是最喜欢吃鸡的,它见了肯定会扑上来,三下五除二地把整只鸡吃掉，然后就毒性发作……"

狐狸提着那只有毒的老母鸡，高兴地来到了森林里，就在它接近大青石时，忽听背后"呼"的一声，狐狸扔掉手中的鸡，抱着脑袋躺在了地上。

"哼，你这愚蠢的家伙！"狼提着木棍从大树后走了出来，用脚踩了踩狐狸的尸体，说："别怪我心狠，是那些金条要了你的命。"

"这鸡真香，我还真有点饿了。"狼捡起老母鸡，大口大口地吃了起来。

一会儿，狼觉得自己胸口发闷，紧接着肚子也剧烈地疼痛起来，它这时才知道狐狸早已在母鸡身上做了手脚，可后悔已经晚了。

狼在临死前，断断续续地说："老山羊说的话多么对啊！"

点睛妙语

人人都害怕魔鬼，却不知道比魔鬼更厉害的是人的贪心。贪心往往使人疯狂，使人利令智昏，使人失去理性，以致最终被贪心所杀。

节制欲望才能活得轻松

一位商人想到沙漠深处去寻找多年前被一群强盗埋在那里的宝藏。但走到半路上，他就缺水断粮了，他只好躺着等死。可是只要一闭眼，他满脑子都是金光闪闪晃动着的金币。于是，他爬起来，跪在沙地里，虔诚地向神祷告，乞求神的帮助。

神来了，送给他一些食物和水，并告诫他，这些食物和水刚好够他走出沙漠。但商人在神走后，又不停地责怪起自己来，认为应该向神多要一些食物和水，并不顾神的告诫，又返回了沙漠深处。找到了宝藏后，商人想尽量多地带走金币，因此放弃了口袋中剩下的水和食物。

商人背着金币走到上次躺着等死的地方时，再也忍受不住饥饿和干渴的折磨，他倒下了。一会儿，他又挣扎着爬起来，再一次向神祈祷，乞求神再赐一些食物和水。这一次,神没有如他所愿地出现。

商人头枕着一大袋金币,死了。

点睛妙语

一个人如果到死也放不下欲望,那么即使是神也拯救不了他的灵魂。因为神总是在满足一个人的欲望的同时,又塞给他一个更难满足的新的欲望。而贪婪的人,总是被欲望的锁链缠绕。所以,他总觉得自己活得累,活得不轻松,却没想到这种累、这种不轻松都是自讨的。

减少贪念才能获得满足

上帝在花园里造了一只蜈蚣。在还没来得及给它造腿时,一条蛇从花园里跑过。蜈蚣见蛇没有腿也跑得很快,便跟着蛇一道走了。

一天,这条蜈蚣在草原上看到斑马、梅花鹿和其他有腿的动物都跑得比自己快,心里很是不高兴,便嫉妒地说:

"哼!有什么了不起的,不就是比我多几条腿吗?有腿当然跑得快。"

于是,这只蜈蚣便跑回上帝那里,向上帝乞求道:"万能的上帝啊!希望你给我一些腿,我要超过其他动物。"

上帝答应了蜈蚣的要求,他把好多好多条腿放在蜈蚣面前,任凭蜈蚣自由取用。

蜈蚣迫不及待地拿起这些腿,一只一只地往身上贴,从头贴到尾,直到再也没有地方可贴了,蜈蚣这才满意地把剩余的腿还给了上帝。

蜈蚣满心欢喜地打量着全身的腿,心中窃喜:"现在我可以像箭一样地飞出去了!"

但是,当蜈蚣迈开腿,准备去与斑马等动物一决高低时,才发现自己根本无法控制全身的腿。这些腿谁也不服谁,各走各的。蜈蚣只有全神贯注,才能使一大堆腿不因相互绊跌而顺利地往前走。

这样一来，蜈蚣走起路来比以前更慢了。

点睛妙语

学会满足于已得到的一切，才能从欲望的深渊中得到解脱。如果一味与别人攀比，不顾自身的实际情况，一味求多、求好，到最后，往往会失去已拥有的优势。

贪婪是夺命的枷锁

一天，一个流浪汉在自己落脚的茅屋里，向上帝祷告道："尊敬的上帝啊，求求你施舍我一些钱财吧，我只要一点点……"

上帝出现了，他给了流浪汉一个有魔力的钱袋，说："这钱袋里永远都有一个金币，是拿不完的。但是你要注意，在你觉得够了时，就要把钱袋扔掉，才可以开始花钱。"

"感谢万能的上帝，我一定谨遵您的教诲，拿到了够用的钱后，我会扔掉钱袋的。"流浪汉感激地对上帝说。

上帝走后，流浪汉赶忙打开了手中的钱袋，里面果然装有一个金币。流浪汉把那个金币拿出来，里面果然又有了一个。于是，流浪汉不断地往外拿金币。整整拿了一天后，金币已有很大的一堆了，流浪汉想："这些钱已经够我用一辈子了。"

到了第二天，流浪汉觉得很饿，他想到外面去买饭吃。在他花钱以前，他想起了上帝对他的叮嘱，他必须把钱袋扔掉。于是，流浪汉拎着钱袋来到悬崖边，他想把钱袋扔到悬崖下面去。可就在他举起手时，他改变了主意，他舍不得扔掉钱袋。

流浪汉饿着肚子又回到了茅屋中，他想："我再忍受一天的饥饿，再拿一天的金币后，就立即扔掉钱袋。"流浪汉又开始从钱袋里拿出金币，每次当他想把钱袋扔掉时，却又总觉得钱不够花。

日子一天一天过去了，流浪汉完全可以去买吃的、穿的，但他总是对自己说："还是等金币再多一些吧。"但饥饿在不停地折磨着他。流浪汉的身体已经很虚弱了，可他还是舍不得扔掉钱袋，他脑子里只有一个念头：拿更多的金币！

一天清晨，当流浪汉挣扎着用尽最后一点儿力气去拿钱袋中的金币时，他头一歪，饿死在成堆的金币旁了。

点睛妙语

没有钱的时候，总是想着钱；有了钱的时候，还是放不下一个"钱"字，这是人类共有的弱点。可就因为有些人放不下，才成为金钱的奴隶，被金钱套上了枷锁，甚至成为枷锁中的一条"亡魂"。

虚荣心导致悲剧

大山里，小白兔住在自己搭建的一个又小又结实的房子里。房子冬暖夏凉，小白兔住在里面，觉得舒服极了。

一天，小白兔在山上采蘑菇时，听到了乌鸦和狐狸的一段对话：

"亲爱的狐狸先生，你去参观过长颈鹿的家吗？它的房子又高又大，简直是漂亮极了。"乌鸦说。

"是啊，那真是一座漂亮的房子。昨天我去参观后，甚至都不想回自己的家了。"狐狸说。

"我也有同样的感觉。我敢肯定，长颈鹿的房子绝对是世界上最大、最高、最豪华的。"

"那当然。"狐狸不停地点着头。

小白兔听后，心里很不是滋味。它想："我一定要重新搭建一座房子，其高度和宽度都要超过长颈鹿的，那样才能把众人的目光吸引到我的身上。"

小白兔很快就把自己的想法付诸行动。它拆掉了自己结实、温暖的房子，用枯树枝搭建了一座高大宽敞的房子。

于是，百兽们交口称赞的房子，变成了小白兔的新家。小白兔听后，心里很是受用。

秋去冬来，气温骤降，小白兔一个人住在高大的、空荡荡的房子里，虽然感觉十分寒冷，但心里认为还是值得的。毕竟，自己的房子超过了长颈鹿的，是动物王国人人羡慕的"巨无霸"。

某夜，一阵大风吹来，小白兔用枯树枝搭成的房子，被风儿吹得摇摇欲坠，小白兔虽又冷又害怕，但还是不肯搬家。

风儿过后，紧接着下起了大雪，厚厚的积雪彻底压垮了房子。小白兔被埋进了雪堆里，活活地冻死了。

点睛妙语

虚荣心是人类常犯的通病。某些人"有病在身"时，便常常忘了什么叫"量体裁衣"，什么叫"切合实际"。

居心不良终害己

池塘里，一只青蛙在绞尽脑汁地想法子，它想把住在岸边洞里的一只老鼠吃掉。但它知道老鼠不信任自己，如果自己跳到岸上，老鼠肯定会钻进洞中躲起来。于是，青蛙只好苦思冥想，等待着机会。

夏天到了，天气十分燥热，青蛙灵机一动，它想机会来了。

于是青蛙游到岸边，故意大声不停地说："好凉快啊，能在池塘里游泳，真是一种无与伦比的享受！"

藏在洞里热得难受的老鼠听见了青蛙的话后，心里羡慕无比。它忍不住爬出洞,对青蛙说:"青蛙大哥,在池塘里游泳真的凉爽吗?"

"当然!"青蛙见状大喜,忙热情地说:"鼠老弟,你快下来吧,下来就凉快了!"

"可是我不会游泳呀!"老鼠遗憾地说。

"不会游没关系,我来教你吧!"青蛙拍了拍自己的脑袋说。

"可是,我还是怕沉到水里淹死。"老鼠仍旧不放心地说。

"这样吧。我先上岸,用绳索把你和我绑在一起,这样你就不会下沉了。"

老鼠见青蛙如此热心,便感动地点了点头答应了。

青蛙上岸后,把老鼠和自己绑在了一起,便"扑通"一声跳进了水里。

"啊,真的好凉快呀!"老鼠刚一张嘴,水便灌进了它的肚子里,青蛙也故意潜到池塘底,老鼠挣扎了几下,便淹死了。

得意扬扬的青蛙怀着满心的欢喜,决定浮出水面,美美地饱餐一顿。可当它刚浮出水面时,一只正在池塘上空盘旋的老鹰发现了它,便向它俯冲下来。青蛙见状大惊,便想潜进水底逃命,可老鼠的尸体还浮在水面,自己腿还绑在它身上,青蛙因行动迟缓,而被老鹰一把抓住了。

点睛妙语

一个暗算了他人的人,常常会因为自己所做的坏事而在厄运来临时,因无法脱身,而葬送了自己的性命。

有恶念就有恶果

草原上,牧羊人捡到了一只幼小的狼,他把小狼带回家,用羊奶精心地喂养。小狼一天天地长大了,牧羊人看着满心欢喜。

一天,牧羊人把狼叫到自己身边,对它说:"我对你恩重如山,我不但救了你的命,还把你养大了。看你现在是多么威武雄壮呀!"

"是的。你真是一位仁慈的好人！"狼真心地说。

"那么，你将用什么方法来报答我的仁慈呢？"牧羊人说。

"我将终生听你的话，并且终生帮你牧羊，为你驱赶前来伤害羊群的其他动物。"狼说。

"好！"牧羊人高兴地一甩牧鞭说，"从今天开始，你要每天到外面去为我偷回一只羊！"

"啊？不！尊敬的主人。我不能做这种缺德的事情！"

"哼！你刚才不是说要忠于我吗？"牧羊人狠狠地甩了一下皮鞭。

"这……"这只狼被逼无奈，只好听从牧羊人的话，每天都到外面去为他偷回一只羊。

牧羊人大喜，他每天都把狼叼回的羊，剥完皮后，拿到集市上去卖。看着钱袋中越来越多的金币，牧羊人仍然不满足。他又一次把狼叫到跟前，说："从今天开始，你每天得为我偷两只羊回来！"

狼刚想说什么，可一看牧羊人手中高高举起的皮鞭，它只好点头同意了。

于是，牧羊人整天忙着剥羊皮，卖羊肉，而很少去照顾自己的羊群了。

一天，牧羊人闹肚子，便跑到羊圈旁边的空地里准备方便时，却突然发现自己羊圈里的羊只剩下三只了，而羊圈里到处是血迹和羊毛。大惊之下，他忙找到了狼。

"我的羊呢？"牧羊人气急败坏地朝狼喊道。

"都被你自己卖了。"狼平静地说。

"你这个混蛋！我是让你偷别人家的羊！"

"刚开始我是这样做的，但时间一长，其他牧羊人都有防备了，他们带着猎枪在羊圈外巡逻。你想，我会为你搭上自己的命吗？可不叼羊回来，你同样会用鞭子要了我的命，于是……"

"你这个忘恩负义的家伙，你这个坏蛋！"牧羊人拿起皮鞭，准备把狼打死。

狼显然明白牧羊人的动机，便瞄准机会，猛地向牧羊人扑去，一下就咬断了牧羊人的喉管。

"你……你为什么……要……害我？"牧羊人断气之前断断续续地问狼。

"不是我害死了你，是你自己的恶念害了你自己。"狼说完，转身走了。

点睛妙语

人一旦在心中种下了恶的种子，那么这颗种子在欲念的"滋润"下，很快便会生根发芽，不断长大。如果此时你不加以扼制，它就会在伤害别人的同时，最终伤害到你自己。

该撒手时就撒手

一只猴子常下山偷吃农夫的玉米、花生。为了逮住这只猴子，农夫想了一个绝妙的主意，他在花生地旁的一块巨大的青石上，凿了一个小洞，在洞里放了一把炒熟的花生。

这天，猴子又偷偷摸摸地来到花生地旁，就在它准备下手刨地里的花生时，突然闻到了一股从青石上传来的熟花生的香气。猴子高兴得抓耳挠腮，它一个跟头翻到了大青石上，发现了那个洞里的花生米。

"哈……哈……哈，我的口福真是不浅呀。"猴子边笑边把手伸进了小洞中，抓了满满的一把花生米，可这时手却卡在洞里，怎么也拿不出来了。

就在猴子急得团团转的时候，农夫来了，他轻而易举地就用绳索捆住了猴子。

"你这个老怪物，用什么魔法把我的手卡在洞里的？"猴子愤愤地问农夫。

"我没用什么魔法，这洞也是一个普通的小石洞。你空手伸进去很容易，但当你抓了满满的一把花生米时，你的手握成了拳头状。手的体积变大了，所以就拿不出来，卡在小洞里了。你今天的命运就是因为你不肯撒手，贪欲太强而造成的。"

点睛妙语

凡事不可执迷太深，该撒手时就应该痛痛快快地撒手。人如果像猴子一样，见利而不见弊地死不撒手，那么，他的下场将与猴子一样。

过分的希望终会落空

狐狸、猴子、猩猩等一帮好朋友沿着海边散步。

"哥儿们，咱们爬到海边的那座山上去吧，我想在山上站得高，肯定能眺望到大海的美景。"猩猩说。

"行啊，还是你脑袋瓜好使！"猴子捶了一下猩猩的肩膀，笑道。

当它们在山顶眺望大海时，突然发现海面上有一样东西漂来了。

"肯定是一艘大船！"狐狸高兴地喊道，"船上没有人，那船上的人肯定遇到了什么意外。走，我们到岸边瞧瞧去，说不定那是条商船。船上装满了金银珠宝呢！"

"对，对。我也觉得那是条商船。"猴子高兴地叫起来。

"不对。好像是一条载满了货物的小船。"猩猩看着被风吹得越来越靠近海边的那样东西说。

猴子和狐狸赶忙揉了揉双眼，仔细朝那样东西看去，又都觉得那是一条小船，但它们依然很高兴，因为它们相信即使是小船，肯定也有所收获。

当猩猩、狐狸、猴子它们按捺不住狂跳的心，跑下山时才发现，那远远漂来的东西，只不过是一捆柴火而已。

点睛妙语

人的欲望是无止境的，任何人都免不了有所期待。当然，有时会如己所愿，但更多的时候希望会落空，一旦落空。便会为自己平添烦恼。有付出才会有回报，否则，一味期待意外的收获，带给你的将是深深的失望。

抓到手上的才是最好的

有一只狐狸从农夫家里偷了一只鸡，它得意扬扬地叼着鸡，准备逃到河对岸去美餐一顿。

当它走到桥上时，却突然看见桥下的河水里也有一只狐狸，狐狸嘴里同样叼着一只鸡，可那只鸡比自己刚偷的那只要肥大很多。

于是，桥上的狐狸毫不犹豫地扔掉自己嘴里叼着的那只鸡，向河里那只狐狸猛扑下去，想把那只肥大的鸡据为己有。

结果，狐狸在河水里折腾了好一阵子，却怎么也找不到水里的那只鸡。待它醒悟过来，再去找自己原先的那只鸡时，鸡早被河水冲走了。

点睛妙语

吃到嘴里的肉才是自己的，才是现实的，对遥远的东西请永远不要抱不切实际的幻想。

自私会使你遭受损失

有一个虔诚的信徒，为了表示自己对佛的尊重，不惜花费重金请人雕刻了一尊昂贵的佛像，并且镀上金身，整座佛像金光闪闪。因此，信徒十分珍爱这尊佛像。

后来，信徒把这尊佛像安置在一座庙宇里。这座庙宇里的佛像极多，但信徒只想在自己所钟爱的金佛前烧香，而不希望香烟泽及其他佛像。于是，信徒又花费重金，请人设计了一扇很特别的烟窗，让他所烧的香只会向自己钟爱的佛像飘去。

结果一段时间过后，香烟将那尊佛像熏得一团黑，佛像变得异常难看。庙宇的住持在一天清晨，将它扔进了庙宇旁的一条河里。

点睛妙语

在生活中，我们也常有这样的念头，惟恐别人沾自己的"光"，便处处小心，事事提防，结果常常失去了已拥有的一切。只有慷慨地把自己的东西拿出来与人分享，才会收获到更多友善与欢乐。

无私者才能无畏

某人曾在一个夜晚，因醉酒误撞了一个魔鬼。结果，魔鬼把他毒打一顿后，扔进了一口枯井里。

某人从枯井里爬了出来。他养好伤后，决心找到这个魔鬼，并想亲手杀掉它，以免别人也遭到与自己相同的命运。

一天，某人与魔鬼打了起来，并最终战胜了魔鬼。就在他举起剑准备砍下魔鬼的头时，魔鬼开口求饶道："请你慢些下手，听我说完一句话后再杀我，行吗？"

"说吧。"但某人仍举着剑。

"你杀了我，没有任何好处，但如果你放了我，我会报答你的。"魔鬼说。

"那你拿什么报答我？"某人的眼睛亮了，并放下了剑。

"只要你放了我，我会每天在你窗台前放十枚金币。"

某人听后，心想："杀死它对我的确没有什么好处，但如果放了他，我每天就有十枚金币。这样下去，我就可以富甲一方了。"于是，他扔掉手中的剑，放走了魔鬼。

此后一连七天，某人都在自家的窗台前收到了十枚金币。

第八天，某人在窗台上没有发现金币。第九天，也是如此。某人虽然有些气恼，但他想："魔鬼可能是临时有事来不了，不然，它肯定会遵守诺言的，因为它害怕我以后还会杀了它。"

某人又等了五天，可依旧不见魔鬼送钱来。某人再也坐不住了，他提着宝剑，怒气冲冲地找到了魔鬼。

"你这个魔鬼，竟敢欺骗我，如果你还不给我送上金币，小心我一剑杀了你。"某人挥舞着宝剑，朝魔鬼叫骂道。

"从今以后，我不会再给你半个子儿的。"魔鬼说完，打了一个酒嗝儿，转身欲走。

"不给钱我就杀了你。"某人说完，挥剑朝魔鬼砍去。魔鬼忙捡起一根树枝抵挡，厮打了一阵后，某人竟败下阵来。魔鬼夺过某人手中的宝剑，并把它架在了某人的脖子上。

"我想提一个问题，你回答后再杀死我，可以吗？"某人哀求道。

魔鬼点了点头。

"以前我战胜了你，可现在情况没有丝毫改变，你却战胜了我，你能告诉我其中的原因吗？"某人不甘心地问。

"第一次你战胜了我，因为你代表的是正义；而这一次，你杀我是为了钱，是为了个人的利益，所以我能轻易地战胜你。"魔鬼说完，一挥剑，某人的人头也随之落了地。

点睛妙语

正义的力量，无坚不摧；但若掺杂了私念，则成了一堵空心的墙，看似坚固，实则一推即倒。无私者才能无畏，无畏才能勇，才会有力量战胜一切。

吃到最好的桃子

　　故事的主人公是家喻户晓的《西游记》中的孙悟空。那时候，他只是一只猴子，跋山涉水来到了方寸山，拜师学艺。在他看遍了方寸山的寺庙僧舍、听腻了诵经念佛声之后，菩提祖师召见了他，问他想学什么，孙悟空说师父教什么，弟子就学什么。

　　于是，菩提祖师就对他说，道字门中有三百六十旁门，旁门都能够修成正果，教你术字门中之道如何？孙悟空问道，术字门中之道能不能长久，菩提祖师说不能，孙悟空便不学。菩提祖师再问孙悟空学不学流字门中之道，孙悟空再问能不能长久，菩提祖师说不能，孙悟空仍然不学。

　　菩提祖师又问孙悟空学不学静字门中之道，孙悟空问能不能长久，菩提祖师说不能，孙悟空再摇摇头，还是不学。

　　菩提祖师又问孙悟空学不学动字门中之道，孙悟空还是问能不能长久，菩提再答不能，孙悟空说那也不学。

　　菩提祖师震怒，跳下高台说，你这猢狲，这也不学那也不学，难道你还想翻天覆地吗？拿起戒尺，对着孙悟空打过去，然后拂袖离去，孙悟空忍痛不出声。

　　后来，孙悟空告诉菩提祖师，他在花果山的时候，猴子们总是争先恐后地抢桃子吃，不管桃子是青是红、是生是熟，总是要把得到的桃子吃下肚去。而那些见桃子就吃的猴子几乎从来没有吃到过最好的桃子。而他总是等到桃子最熟最红的时候才吃，这样，他就能够吃到最好的桃子。他不学那些不长久的本事也是为了学到最好的本事。

　　菩提祖师听到这些话，便点头说猢狲可教也。于是，就传授给了孙悟空七十二变和筋斗云。

> **点睛妙语**
>
> 人人都以为先下手为强，所以往往争先恐后，唯恐落在人后。其实，面对诱惑时，懂得等待和放弃才是最大的智慧。因为放弃暂时的欲望，需要的不仅仅是勇气，还要具有长远的眼光。

替你织网

一只名叫威伯的小猪和一只叫夏洛的蜘蛛成了朋友。小猪未来的命运是成为圣诞节时的盘中大餐，这个悲凉的结果让威伯心惊胆战。

它也曾尝试过逃跑，但它毕竟只是一只猪。看似渺小的夏洛却说："让我来帮你。"于是夏洛用它的网在猪棚中织出"好猪"、"查克曼的名猪"等字样，那些在人类眼中被视为奇迹的网字让威伯的命运整个逆转，终于得到了名猪大赛的头奖和一个安事天命的未来。但就在这时，蜘蛛夏洛的生命却走到了尽头……

"你为什么替我做这些事呢？"威伯说，"我真不配，我从来没为你做过什么事。"

"你是我的朋友。"夏洛回答，"友谊本身就是件了不起的东西。我替你织网，因为我喜欢你。生命本身究竟算什么呢？我们生下来，活一阵子，然后去世。一个蜘蛛一生织网捕食，生活未免有点不雅。通过帮助你，也许能使我的生命变得高尚些。天知道，任何人的生活都能增加一点意义。"

"哦！"威伯说，"我不会演说，我没有你的说话天才，可是你救了我，夏洛，我也情愿为你牺牲性命——真的情愿。"

"我相信你，也感谢你的慷慨情谊。"

点睛妙语

蜘蛛有蜘蛛的作用，小猪有小猪的活法。这是两个善良的弱者之间相互扶持的故事，但除了爱、友谊之外，这篇极抒情的寓言里，还有一份对生命本身的赞美与眷恋。

鼹鼠与鹰王

鹰王和鹰后为躲避人类的猎枪，从遥远的地方飞到远离人类的森林，它们打算在密林深处定居下来。于是就挑选了一棵又高又大、枝繁叶茂的橡树，在最高的一根树枝上开始筑巢，准备夏天在这儿孵养后代。

鼹鼠听到这个消息后，大着胆子向鹰王提出忠告："这棵橡树可不是安全的住所，它的根几乎烂光了，随时都有倒掉的可能。希望大王和王后不要在这儿筑巢。"鹰王和鹰后觉得很好笑："这真是怪事！我们是什么人！还需要你鼹鼠来提醒？你们这些躲在洞里的家伙，每天就知道吃了就睡，按你的意思，好像是说我们老鹰的眼睛不是锐利的？你是什么东西，竟然胆敢跑出来干涉鹰大王的事情？"鹰王根本瞧不起鼹鼠的劝告，立刻动手筑巢，并且当天就把全家搬了进去。

不久，鹰后孵出了一窝可爱的小家伙。一天早晨，正当太阳升起来的时候，外出打猎的鹰王带着丰盛的早餐飞回家来，然而，那棵橡树已经倒掉了，它的鹰后和它的子女都已经摔死了。看见眼前的情景，鹰王悲痛不已，它放声大哭道："我多么不幸啊！我把最好的忠告当成了耳边风，所以，命运就给予我这样严厉的惩罚。我从来不曾料到，一只鼹鼠的警告竟会是这样准确，真是怪事！"鼹鼠谦恭地答道："你想一想，我就在地底下打洞，和树根十分接近，树根是好是坏，有谁还会比我知道得更清楚呢？"

> **点睛妙语**
>
> 每个人都有自己的长处和优点，这跟他所处地位的高低无关。就算我们在某些方面比别人站得高、看得远，但如果我们因此而骄傲自满，听不见别人的意见的话，就会忽略掉隐藏的问题甚至危险，会因此而付出沉重的代价，到时候后悔也来不及了。

狮子与野牛

一头饥饿的狮子发现了一群正在吃草的野牛，狮子塌腰沉背，借助青草的掩护，悄悄地向野牛靠近。

狮子离野牛越来越近，野牛们却丝毫没有感觉到危险，仍悠然地啃食着青草。

狮子进入了捕捉范围，跃身而起，箭一般射向野牛群。野牛惊慌奔逃，狮子紧追着一头还未长结实的野牛。野牛拼命奔逃着，每当狮子要追上它时便拐个弯，便可和狮子拉开一段距离。可没多久，野牛就体力不支了。狮子和野牛的距离在不断缩小。

突然地，野牛刹住脚，猛转过身，锋利的犄角转向狮子。狮子也停下了脚步，左右试探着寻找进攻的机会，可野牛的犄角始终对着它。狮子和野牛对峙着，僵持着。

突然，野牛向前迈进了一步，狮子竟后退了一步，并仰躺下，四肢朝天，宛如一只小猫，只是眯起的眼睛仍牢牢盯视着野牛。狮子的"懦弱"让野牛顿生豪气，用犄角猛扎着躺在地上的狮子……

这是中央电视台《人与自然》节目中的一组镜头。接下来，电视画面就被野牛硕大的躯体遮挡住了，足足有三秒钟，一动不动。这短短的三秒钟却分开了胜败，隔开了生死。

三秒钟后，威猛进攻的野牛硕壮的身体慢慢倒了下去，没有丝毫挣扎。狮子的血口利齿已紧咬在野牛的喉咙上。

弱肉强食是自然界的规律，无须感叹。但我总觉得：狮子不仅胜在利齿，还有狡黠；野牛不仅败在没有利齿，还有被蒙骗后的盲目自大。

勇敢是把利刃，可以斩落对手；自大也是一把利刃，却只能割伤自己。

点睛妙语

盲目自大后的猛打猛冲只能叫作鲁莽，勇敢的利刃还需要经过智慧的淬炼，才能焕发出胜利的光芒。

懂得"留一手"

骆马是生长在南美洲安第斯山的一种动物。它们有着长长的颈子、小小的头和细细的腿，却有着强大的肺，这使它们能生活在海拔5000米的高山上。

印第安人认为骆马是上天的赏赐，因为它们不但肉可以吃、奶可以饮、毛皮可以穿，而且能帮人驮东西。只是，骆马有点脾气，当它不高兴的时候，会对人吐口水。

影片里放映骆马吐口水的样子，追着人，"呸呸"地吐，有意思极了。更有意思的是它的嘴唇，生物学家说，骆马的嘴长得很特殊，它们在山上吃草的时候，不会伤到植物的根，这使那些草能很快地再生，也使它们总有得吃。

电影里还介绍了骆马软软的蹄子，说那蹄子也长得巧妙，能爬山，又不会伤到山上的植物。

它使我联想到春天种草。当草籽撒下去，小鸟立刻飞来吃。可是过几天，种子发芽了，小鸟就再也不去碰了。

我常隔着窗子偷看，看那些小鸟，在我的草芽和菜芽之间走来走去，发现它们居然能不伤到那些嫩芽。等嫩芽长大了，结了籽，它们又飞来吃。

难道骆马和小鸟，都懂得怎么"留一手"吗？它们为植物留一条"生路"，也为自己留了一条"后路"。

又难道，这也是骆马和小鸟能够历经成千上万年，存续到今天的原因？"物竞天择，适者生存。"这"适者"不一定是占有者、胜利者，而是能与周遭生物"共荣共存"者。

如果不把细密的网放进池塘，鱼鳖就吃不完；若在适当的时节砍伐树木，木材就用不尽，不也是同样的道理吗？

点睛妙语

骆马和小鸟能够历经成千上万年，存续到今天，不仅得益于自身对自然的适应性，更得益于它们的生存智慧。虽然它们的大脑不及人类发达，但是它们能够如此与关乎自己生存的生物相融相生，确实令把自然弄得面目全非的人类自惭形秽。

鸽子们的阴谋

某动物园里养着一头大象。它的近旁，不知从什么时候起，有一群鸽子安了家。这是有原因的。游客们扔给大象的食物，只要能分一点儿余惠，鸽子们就可以不劳而获地吃个饱。

鸽子们的生活的确轻松愉快，在无谓的闲谈中送走一天又一天。但是由于闲得无聊，一般的话题也都谈腻了，于是激烈的言辞渐渐出现。

"大象这家伙，我真打心眼儿里讨厌它。"

"说得对。那个大块头，眼里好像根本没有咱们。"

鸽子们发泄着怨气。这怨气本来是出自靠大象度日的屈辱感，但它们除了说大象几句坏话外，别无良策。

"我们一拥而上，用嘴叨它怎么样？只要我们团结一致来个突然袭击，一定会胜利。"

一只心浮气躁的鸽子兴奋地叫起来，别的鸽子却反对这么做。

第二辑 关于品行与良知

"那么硬干不好，要想一个更狠毒更巧妙的办法治它一下。"

不久，妙计终于想出来了。鸽子代表凑到大象跟前，装出一本正经的样子说：

"伟大的象先生，只有你才是动物之王啊！"

"是吗？谢谢！"

"尽管如此，可是你只满足于人类的喂养，不觉得可耻吗？"

"这些事我连想也没想过。经你这么一说，我觉得也有道理。"

"现在你应该觉醒，起来斗争。你比人个头大，力气强，脑袋大，还有长鼻子，怎么也不会输，应该叫人类知道你的厉害。"

鸽子想煽动驯顺的大象起来闹事，然后看着大象怎样被人类制服，借以取乐。这样一来，蒙受更大屈辱的就是大象而不是自己了。

大象比预想的更听话，它认真地考虑了鸽子的意见，头脑清晰了，浑身充满了力量。于是它撞毁了栅栏，跑到街上去横冲直撞，把眼睛看到的、鼻子碰到的东西全给破坏了。直到挨了几发子弹，一命呜呼才罢休。

这样一来，鸽子们长期的屈辱生活算是结束了，这是值得庆贺的。可是鸽子们在生存竞争十分激烈的其他地方却难以生活。不到几天，就因为饥饿而悲惨地死掉了。

点睛妙语

鸽子们因为无聊而煽动大象闹事，失去了与自己朝夕相处的伙伴，同时也把自己送上了绝路。由此可见，在集体的生活中，霸道是很可怕的。只有懂得互相帮助、互惠互利的人，才能拥有更多的朋友，感受到集体生活的快乐。

雪狼斯巴鲁

斯巴鲁是一头雪狼，麾下拥有30头骁勇善战的勇士，在西伯利亚那些食草动物眼里，斯巴鲁是当之无愧的霸者。但在波塞敦眼里，斯巴鲁却根本不值一提。

体重350公斤，身长2.5米的波塞敦是一头白化的西伯利亚虎，一身雪一样的外皮，灿烂的灰色虎纹，犹如传说中的上古神兽"白虎"一样神秘和充满杀伤力。

波塞敦看斯巴鲁，犹如斯巴鲁看那些北极狐，有一种发自内心的俯视和不屑。再加上它们的菜单如出一辙，尽管斯巴鲁从未主动去招惹过波塞敦，但波塞敦却很给它面子，抬举它和它的同类成了自己的敌人。

波塞敦体型庞大，但脑子却不笨，没有弱智到以一当十地去攻击狼群。但是，一旦有落单的狼被它盯住，结局就不容乐观了——打，打不过；逃，逃不了。就算在第一时间发出求援的号叫，波塞敦也可以在后援军团赶到前发出致命一击，然后叼起战利品远遁。

半年之内，斯巴鲁的七个手下葬身在了波塞敦的口里。既然躲不过，那就拼了吧，斯巴鲁带着狼群里最勇敢的12头公狼，向波塞敦主动发起了进攻。波塞敦起先就没打算自己一个单挑一群，如今更不会接受对方一群群殴自己一个。它很迅速地拔腿就跑，领着这一群狼们兜圈子，除了吓得途中别的动物们鸡飞狗跳外，它连毛都没掉一根。

悻悻地蹲守在远东的冻土上，斯巴鲁苦恼无比——遇上这样一个难缠的对手，真的很头痛！

如果说有比被一头猛虎盯上更头痛的事，那么就是被两头猛虎盯上了。也不知斯巴鲁走了什么霉运，一个波塞敦已经让狼群惶惶不可终日了，偏偏又冒出了一个奥丁。

奥丁是一头正值壮年的雄性西伯利亚虎，因为迁徙来到中国东北境内，相对温暖的气候使得它身上的斑纹比别的西伯利亚虎来得更深，透着一种奇异的红色，如同巫师用暗红的鲜血描绘的符咒，充满了勾魂夺魄的威慑力和神秘感。远远打量着奥丁与波塞敦的雄壮身躯，斯巴鲁发自内心地泄气——准备迁徙吧，恐怕这片世代栖息的土地上再没有狼群的容身之处了。

可是，波塞敦与奥丁的第一次会面让斯巴鲁小小松了一口气。它们隔着一段距离，态度强硬地吼叫和恫吓，并借此衡量对方的实力。或许最后双方都没有必胜的把握，它们不约而同地选择了各自退走，火速用尿液圈定自己的地盘，各自为政地守着自己的势力范围，暂时相安无事了。

但只要它们不是朋友，斯巴鲁就一定要它们成为敌人——它吃准了波塞敦和奥丁最大的弱点——或许是太相信自己的实力,它们就像两个火药桶,只需要一个小小的火苗,就会马上炸开。

斯巴鲁很愿意担起这点火的任务,火苗就是一头被狼群活捉的小驯鹿。斯巴鲁轻手轻脚地将小驯鹿拖到了一个很敏感的地点放下,然后毫不犹豫地咬断了小驯鹿的四肢,随着鲜血喷涌,小驯鹿顿时发出了尖厉的惨叫,斯巴鲁马上远遁。放下小驯鹿的地点正好处在波塞敦和奥丁地盘的交界处,鲜血的气息和垂死的惨叫很快就会惊动它们——一场好戏即将上演。

果然,小驯鹿同时吸引了波塞敦和奥丁,率先赶来的是波塞敦,它扑上去结束了小驯鹿的性命,开始享受最爱的新鲜内脏。可刚刚咽下两口心脏,前方传来的威严吼叫就打断了波塞敦的飨宴——奥丁也来了,对于波塞敦在自己地盘边上享用美餐的举动,奥丁非常不满,它以一声低吼明确表示了自己的驱逐意思,希望波塞敦能识趣地离开。

换作平时,波塞敦可能会避开争端,可是,进食的时候是老虎最危险的时候,被迫中断美餐更是会让它们马上变得暴躁起来。波塞敦毫不示弱,双眼变得血红,怒吼着回应奥丁的驱逐,让它滚开,不要打扰自己的美餐。波塞敦的这种态度顿时激怒了奥丁,它怒吼着接受了挑战。一个照面之后,它们已经闪电般地打斗到了一起。

躲在远处观战的斯巴鲁只能看见一白一黄两道身影忽而融合忽而分开,间或会有血花迸发,震天动地的吼声已听不出到底出自谁的喉咙。随着双方不断挂彩,它们的真火也完完全全拼了出来——从未有过对手能让自己陷入这样的苦战狼狈境地,若不杀了它,实在无法消解心头之恨——战斗,陷入了不死不休的境地。

波塞敦和奥丁的扑击终于慢了下来,每次发起冲锋前,双方都需要趴在地上静静养精蓄锐,斯巴鲁悄悄退却,它火速返回狼群,召集属下最善战的队伍,激动无比地向战场开进了。

当狼群浩浩荡荡地来到波塞敦和奥丁的战场时,以往让它们畏惧不已的两只西伯利亚虎都已经筋疲力尽,伤痕累累,波塞敦的咽喉遭到了重创,而奥丁的肚子上也有一个狰狞的大洞。

不用斯巴鲁催促,狼群顿时兴奋起来,分为两组向波塞敦和奥丁发起了最后的进攻。换作平日,波塞敦和奥丁都不会把这些雪狼放在眼里,可是,刚才的激战几乎耗尽了它们的力气，身体的创伤更是让它们无法展开及时的反击。几乎只在转眼之间，似乎可以耸立天地间永远不败的它们败了，而且结局一样——死亡。能够击败强者的，原来往往不是另一个强者……

点睛妙语

　　试想一下，如果两个强者能彼此退让一步，最后得胜的又怎么会是躲在背地里的挑拨者呢？当我们听信别人的话跟对手拼个你死我活的时候，设计者说不定在偷笑呢。

慢船累倒马

　　一条帆船在江水中优哉游哉地顺流而下。

　　岸上的一匹马看见了，不由长啸一声，傲慢地说："伙计，你怎么总是这么慢吞吞的呢，得跑快一点儿啊！"

　　船哗啦啦地劈开江水，不紧不慢地说："朋友，你认为你跑得很快吗？咱俩比试比试怎样？"

　　"哈哈，你想跟我比试？好，现在就开始吧！"说完，马撒开四蹄就跑起来。

　　马跑呀跑，跑了个把钟头，当它确信自己已远远地把船抛在了后面的时候，就在江边的一片草地上停了下来，一边休息，一边啃点儿青草补充能量。

　　可是它的喘息还没有完全平定，船就赶上来了，它还是那样优哉游哉地顺流而下，仿佛不是在参加一场比赛，而是在进行一次旅游。

　　马见船逼近了，撒腿就跑，看到又把船抛在了后面，便再次停在江边的草地上啃起草来。

　　马正吃得津津有味的时候，见船又优哉游哉地驶来了。它慌忙撒开四蹄便跑……

就这样，马想摆脱船的追赶，船就像它的影子一样，怎么甩也甩不掉。马终于累倒在地上，眼睁睁看着船从自己的面前超了过去。

马有点儿不明白，高喊："伙计，你说实话，咱们两个究竟谁跑得快呢？"

船老老实实地说："在一定的时间里，你比我跑得快。"

"可是，为什么最后我却输给了你呢？"

"很简单。"船仍是那么慢悠悠地说，"慢船累倒马——你依靠的是你一个人的力量，而我，却借助了风和水的力量。"

点睛妙语

如果我们瞧不起别人的话，身边就会缺少真正的朋友，做事也只能单打独斗，不仅成绩不显著，还会让自己疲惫不堪。相反，如果我们能谦恭地对待别人，和大家友好相处，众人拾柴火焰高，那我们做事情就会轻松得多。

吵闹的猴子

动物园里有一只刚来的小猴子，它被关在笼子里。

动物园的工作人员给它安置了一个很漂亮的"家"，每天都喂它喜爱的食物。可是它还是不高兴，它想念它的爸爸妈妈，想念它从前的伙伴。它很伤心，总是不停地叫。结果其他动物都跟着一块叫喊起来。

一位工作人员看到这只猴子这么不老实，决定好好教训它一番，就用电棒去击打小猴子，可是小猴子叫得更凶了。

这时，另一位工作人员走过来，对他的同事说："让我试试吧！"

他把小猴子装进一个很小的笼子里，然后吊在关老虎的房间里。老虎还以为是给自己送上美餐来了，饥渴地盯着小猴子。小猴子吓得歇斯底里地叫了起来。这让老虎更加兴奋，它跳起来扑向猴子。

小猴子以为完了，叫得越发厉害了。但老虎没有碰到猴子，因为笼子离地面的高度是它达不到的。所以它一次次地尝试只是在白费力气。小猴子吓坏了，它叫了一夜，直到第二天早上它才回到它的"家"里。

回到"家"的小猴子没有了老虎的威胁，逐渐安静了下来，很快就睡着了。

点睛妙语

有时候我们总是怨天尤人，那是因为我们从未遇到过十分糟糕的情况。其实与那些比我们生活得更艰难的人相比，我们能拥有现在的一切已经是很幸运的了。

爱

我是一棵大树，透过枝间的缝隙，我可以看到这世界上的两个家庭的生活。

在我正对的小巷有一户人家，家中的父亲是一名粉刷工人。每天清晨，他带着全家的希望出门，傍晚又带着一身油污回家。他独自抚养着一个男孩，他爱那男孩，为了男孩他辗转于这个城市中，受尽了各种苦，只希望那男孩能有出息，能过得幸福。

另一家是麻雀一家，它们有一个可爱的小宝宝。为了这个宝宝，麻雀爸爸和妈妈不停地去捉虫。无论多饿，它们总会把小麻雀喂饱再分吃那剩下的一点儿食物。它们的苦与累都在小麻雀稚嫩的叫声中烟消云散。看着小麻雀一天天长大，麻雀爸爸和妈妈体验到了从未有过的快乐。

我爱这两家，尤其是两家的孩子。他们让我感受到了生命的喜悦与活力。

原本互不相干的两家像两条平行线，但在某一天出现了交点，一个可怕的交点。

一个雷雨交加的夜晚，一阵大风把雀巢连带着巢中的小麻雀一起吹到了地上。小麻雀太小了，还没有学会飞。麻雀爸爸和麻雀妈妈一点儿办法也没有，一切只能听从命运的安排了。

恰巧，男孩的爸爸发现了地上的小麻雀并把它带回了家。

麻雀爸爸和麻雀妈妈眼看着自己宝宝的命运交在别人的手中，毫无办法的它们十分难受。但它们只能等，等着小麻雀的生或死。

天黑得伸手不见五指，又变成了深蓝色，颜色变浅了，更浅了，天空中出现了一抹橙色，太阳露出了半张脸，太阳露出了整张脸，太阳升起一点儿了，又升起了一点儿。它们的小麻雀终于出现了。小麻雀被绑在一根线上，线的一头系着一根树枝。小麻雀扑着翅膀却始终飞不起来。男人用脚在小麻雀身后吓它。他一跺脚，小麻雀就会飞一下，但它太小了，最后又会落回地上。男人乐此不疲，不断地重复着。最后他拍了拍儿子的头，露出一副慈爱的神情并把那根系着小麻雀命运的树枝交给了儿子。男孩看着小麻雀有点不知所措。"玩吧。"男人爱他的儿子，但由于家里穷，男孩始终没有得到一件像样的玩具。这只从天而降的小麻雀恰恰弥补了男人的心愿。"像我一样好好玩。"男人又补充道。小男孩学着爸爸的样子玩了起来。过了一会儿，小男孩又加上了自己的创新——像别的男孩玩小汽车一样拖着小麻雀跑。这博得了爸爸的笑声。有了爸爸的鼓励后，小男孩变本加厉，干脆把小麻雀抡起来在天空中乱甩……

这时候走过来一个小女孩，她看了看那只小麻雀皱起了眉头。刚要走上前去，却被她的妈妈拽了回去。"这不关我们的事。"小女孩听了妈妈的话后，看了一眼那只已经被折腾得奄奄一息的小麻雀，跟在妈妈的身后走开了。

麻雀爸爸和麻雀妈妈的心被撕成了碎片。小男孩的每一个动作都在它们流血的心上深深地划了一刀。它们实在不忍看下去，带着凄惨的叫声向天边飞去。

过了许多年，男人、麻雀爸爸和麻雀妈妈、过路的女人在天堂相遇了。上帝开始审判他们，于是与他们提起了当年的那一幕。男人已经不记得那件事情了，经过再三回忆，他对上帝说："我爱我的孩子，我只想让他快乐。"麻雀爸爸和麻雀妈妈说："我们爱我们的孩子，可他和他的孩子杀了我们的孩子，这不能原谅！"过路的女人说："我爱我的孩子，我不想让她因为多管闲事而受到任何伤害！"

又过了许多年，男孩和路过的女孩也在天堂相遇了。男孩已经成了杀人犯。上帝问他为什么会变成这样，男孩说："那只小麻雀是使我变得残暴的开始。"过路的女孩那善良的心灵已经变成了灰色，当被问及小麻雀的事时，她冷笑着说："不是我的事，我为什么要管？"上帝听了这些话后说："爱，不仅要爱自己、爱你所爱的人，更要去爱这世界上所有的生命，愿你们都能明白爱的伟大和无私。"

点睛妙语

　　一切生命皆应受到尊重，其实又何止是生命。爱，由小事做起，你的人格会在无形中得到提升。

第三辑 / 心理情绪的作用

俗话说,"开心就是健康。保持轻松愉快的心情比吃良药更能解除病痛",所以,保持良好的心情是十分重要的。不管事情会怎样发展,未来会如何,我们应该保持良好的心态,自信而努力地生活着。

平静的心

炎热的夏天,一个过路的神在一座庙宇里见到一只老狐狸正在打坐,便上前问道:"我是神,都觉得炎热无比,口干舌燥,而你坐在这香火缭绕的庙宇里,为什么还神清气爽,没有一点儿酷热难受之感?"

"我心静,心静就不会感受到外界的喧哗,所以我能平静下来,即使是三伏天,我也一身凉爽,一身轻松。"老狐狸说完,又双手合十,继续打坐。

点睛妙语

当你心静如水时,就不会受外界的喧哗和物欲的引诱,另外,静还可以开发智力,陶冶情操。何乐而不为呢?

阅读的功效

山羊为了夺取动物王国三年一度的文状元,便终日伏案疾书,想写出让狮王赞赏的"锦绣文章"。

一日,当山羊写了一篇甚为得意的文章后,却因为身体虚弱而卧床不起。家人赶忙请来河马医生为它诊治。当河马医生知道山羊是因为写文章而致病时,没有忙着切脉问诊,反而拿起山羊的那篇得意之作,摇头晃脑地读起来。

当躺在病床上的山羊听见河马医生把自己的杰作读得支离破碎,且颠三倒四时,很是生气,便不顾家人的劝阻,翻身下床,从河马医生手里抢过文稿,高声地朗读起来,以纠正河马医生的错误,同时显示一下自己的才华。

出人意料之外的是,山羊读过一次之后,竟然觉得神清气爽,身上的疼痛也消失了不少。于是，山羊每天都花一定的时间来朗读文章，身体竟渐渐地康复了。

这件事很快传遍了动物王国，许多动物都纷纷效仿起来。尤其是乌龟，每日必读一些优秀的文章，竟然活了一千多岁。

点睛妙语

当你朗读一些优美的文章时，文章中的优美意境可以把你带到一个轻松愉快的境界，使你忘了一切痛苦和烦恼，心旷神怡，疾病便会悄悄地溜走。当然，并不是说所有的疾病都可以通过诵读来消除，但是多一分有益的爱好，便能多一分情趣，多一分健康。

自寻烦恼

下班时，海龟在公交车站碰到了老同学海蟮，便想约海蟮同去酒吧喝一杯。

"不，我不想去了，没心情。"海蟮说完，便准备上公交车。

海龟一把拉住了它，问："你怎么了，今天没下雨，你干吗又阴沉着脸呀？"

"老总否定了我的营销计划。"海蟮闷闷不乐地说。"就这么一点儿小事，也值得你不开心？"海龟觉得有点不可思议，便独自去了酒吧。

一个月后，海龟又在公交车站见到了海蟮。这次，它发现海蟮比以前瘦了许多，而且脸色蜡黄，就像得了一场大病似的。

"伙计，你生病了吗？"海龟关切地问。

"没有，只是今天老总突然对公司进行了人事调整，比我晚进公司的海葵竟然成了我的主管。唉，真叫人想不通。"

"你应该想开一点儿，或许海葵真的有什么地方比你优秀。"

"比我优秀？不可能！我的学历比它高，资历比它老……"海蟮愤愤不平地说。

一年后，海龟再也没有在公交车站碰到过海蟮。据说，它突然精神失常，已被家人送进了精神病医院。

> **点睛妙语**
>
> 切忌不要因为一些琐碎的小事而引起情绪波动,要多体谅别人,多看到别人的优点;当竞争失败时,也不要灰心,而要找出自身的不足,吸取教训。任何灰心、颓废都于事业不利,于健康不利。

笑是一种愉快的运动

一天,有个过路的神发现一位年轻人正在对着一块巨石发笑,就忍不住上前问道:"年轻人啊,这里有什么东西值得你笑呢?"

"哦,不,这里没有什么东西令我发笑。我笑是因为我把笑当作一种愉快的运动。"年轻人回答说。

"笑是一种愉快的运动?"神不相信似的问道。

"是的,当我轻声地笑时,能使咽喉、胸隔膜、腹部、心脏、两肺都获得一次短暂的运动;当我捧腹大笑时,它还能牵动脸部、手臂和两腿肌肉的运动。"

"年轻人,我还是有点不相信你的话。"神说完,转身走了。他身后又传来年轻人哈哈大笑的声音。

若干年后,神又路过那里,发现一位老者正站在那里发笑,就又走上前去想问个究竟。可当他走到那老者跟前时,他惊呆了,原来这位老者就是以前的那位年轻人,这时老者也认出了神,他微笑着说:"你好!我们又见面了。"

"是的,我们又见面了,可这中间相距了八十年,现在你应该超出一百岁了吧?"神问。

"一百零六岁了。"

"你的身体为什么还如此硬朗?"神问。

"我之所以如此健康,就是因为我常年坚持笑。"老者笑着说。

> **点睛妙语**
>
> 笑是一种运动,笑是百药之长。请不要吝啬你的笑,常常笑一笑,就能赶走精神上的不愉快,就能笑出健康。

快乐过好每一天

鸬鹚是公认的捕鱼高手。

一天,乌龟见鸬鹚正躺在小溪边的一块礁石上睡大觉,极为不解,便爬上前问道:"亲爱的鸬鹚先生,你怎么不下水捕鱼呀?"

"哦,我已下水捕过好几条了。这不,刚上岸休息,你却搅醒了我的美梦。"

"你不是捕鱼高手吗?"乌龟又问道。

"没错,我是捕鱼高手,但捕鱼和休息是两码事啊!"

"你这大白天的睡觉,是不是有点资源浪费?"

"资源浪费?"鸬鹚揉了揉双眼。

"你可以充分利用自己的特长,趁着现在年轻,尽可能多的捕些鱼,然后拿到市场上去卖。等到老了的时候,你就可以靠这些钱安度晚年,而不必再每日辛苦劳作了。"

"可我现在已经在开始享受了,今后的事谁也说不准。我生活的原则是注重现在,并尽量让自己每天都感到快乐。而将来是那样的遥遥无期,所以,我根本没必要现在就去担心它。"鸬鹚说完,闭上眼,又美美地进入了梦乡。

> **点睛妙语**
>
> 好心情决定好命运,拥有良好的心情,才会活出潇洒的人生。但舒畅的心情是自己给予的,不要天真地去奢望别人的赏赐;舒畅的心情是自己创造的,不要可怜地去乞求别人的施舍。

用笑容迎接厄运

沙皮狗莫名其妙地被主人赶出了家门。中午,它坐在公园里的长椅上黯然神伤。这时,它看见一只小松鼠站在它身边一直不肯走,便好奇地问:"你站在这里干什么?"

"这椅背上刚刷过油漆,我想看看你站起来后是什么样子。"小松鼠天真地说。

沙皮狗怔了怔,然后,它笑了。

因为它已悟到:如同这双纯洁清澈的眼睛想看到它背上的油漆一样,它昔日那些精于世故的宠物伙伴也正怀着强烈的兴趣,想要窥探它的落魄和失意呢。

于是,沙皮狗决定在失去主人宠爱的同时,不再丢失自己的笑容和尊严。

点睛妙语

失意不能失志,更不能失去自己。当我们用灿烂的笑容去迎接人生的厄运时,不仅能避免别人的幸灾乐祸,更能维护自己的尊严。

学会调整自己的情绪

老虎因为给动物王国做出了重大贡献,狮王就把东山赏赐给它了。老虎成了东山之王后,每当它心里不高兴时,就喜欢绕着东山跑。

后来,狮王赐给它的地盘越来越大,除了东山之外,还有西山、北山。

尽管封地越来越大,老虎喜欢绕着山跑的习惯一直没改。直到它上了年纪以后,仍然如此。

一次，老虎的儿子问它说："爸爸，您一生气就绕着自己的地盘跑。这里面有什么秘密吗？"

老虎对儿子说："我年轻时绕着东山跑，边跑边想，自己的山头这么小，哪有时间去生气？还不如用这时间去为百兽们做些有益的事情。现在上了年纪，我边跑边想，我的山头这么多，又何必与他人斤斤计较？于是，我的气也就全消了。"

点睛妙语

懂得快乐之道的人会用一些简单的方法，去调整好自己的情绪，把自己从坏心情中解救出来。

凡事往好处想

在动物王国里，狮王最信任的大臣是山羊。山羊有个与众不同的特点，就是常摸着自己的胡须，说："很好，这不是一件坏事。"

某天，狮王在舞剑时，不小心将自己左手的一根指头割断了。山羊闻讯赶到王宫时，见御医小松鼠正在为狮王包扎伤口。山羊脱口而出道："很好，这不是一件坏事。"狮王的伤口正痛得厉害。它听了山羊的话后，便怒从心起，立即下令，将山羊关到地牢里去。

半年后，狮王带着野猪、大象等一帮大臣去草原上狩猎。狮王发现了一头漂亮的梅花鹿，便拼命地追赶。无意间已跨出了自己的地盘，跑到国界的另一边，进入了矮人国。

小矮人将狮王及随行的大臣们全都抓了起来。小矮人的首领见狮王长得威武勇猛，便决定用它来祭祀自己的先祖。却不料，在狮王被押上祭坛时，一名准备行刑的小矮人尖叫了起来，原来他发现狮王左手少了一根小指头。

根据矮人国的规矩，肢体不健全的人是不能用来祭祀先祖的。矮人国的首领见状大怒，它令小矮人将狮王松了绑，并赶出了矮人国，而把肢体健全的野猪留了下来，作为祭祀品。

经历了九死一生回到动物王国的狮王，想起了山羊的话，连忙命令狐狸到地牢里把山羊放了出来。狮王觉得在当初自己割断手指时，山羊所说的话，非常有道理。但自己却把它关进了地牢，狮王为自己的过错向山羊表示歉意。

谁知山羊一开口，还是那句话："很好，这不是一件坏事。"

此时，狮王不以为然。它向山羊说："你说我少了根指头，不是坏事。直到今天印证了你这句话不假，我当然相信。但是，我把你关在地牢里这么长时间，让你受了那么多苦难。难道你认为这也是一件好事吗？"

山羊笑着点点头，说："当然是好事。你想想，如果当初我不是被关在地牢里，我一定会陪你去打猎。而此刻你回来了，会不会正好是我被留在矮人国那里了呢？"

点睛妙语

凡事往好处想，并以积极的心态去寻找解决问题的捷径，就能从容跨越生命的低谷，让自己走上洒满阳光的征途。

不 生 气

乌鸦常为一些琐碎的小事与其他鸟类争吵。即使吵赢了，回到家里还要闷闷不乐好几天。天长日久，乌鸦也知道自己爱生气的毛病，便去请教喜鹊，问喜鹊为什么总是那么高兴，是不是得到了什么法宝。

喜鹊听完乌鸦的话后，一言不发地把乌鸦领到一个被山鸡抛弃的又脏又臭的窝里，然后锁上门，自己却站在门外放声高歌。

乌鸦见自己未曾听到喜鹊一句开阔心胸的话，反而把自己锁在又脏又臭的窝里，便气得跳起脚来大骂。可喜鹊依旧在门外高歌，仿佛没听到它的骂声一般。

乌鸦开始哀求，喜鹊仍旧不为所动。

乌鸦终于沉静下来，喜鹊停下唱歌，敲门问道："你还生气吗？"

"我只生自己的气，我怎么瞎了眼，把你看成了救世主呢？"乌鸦说。

"喜欢与自己较劲儿，连自己都不肯原谅的人，还怎么能心如止水，听别人讲开阔心胸的话呢？"喜鹊说完，又开始唱歌。

过了一会儿，喜鹊又敲门问道："你还生气吗？"

"不生气了。"乌鸦说。

"这么快就想通了？"

"不是想通了，而是气也没办法呀！"

"你的气根本就未消失，你只是把它压抑在心中。"喜鹊说完，又开始唱歌。

当喜鹊第三次敲门时，乌鸦说："我不生气了，因为就这么一点儿小事，不值得我生气。"

"你还在心中衡量值不值得为一件事生气，说明你胸中还有气根。"喜鹊说完，又亮开了嗓子。

当喜鹊再一次敲门时，乌鸦问它："请告诉我，气从何来？什么是气？"

喜鹊把一杯凉水倒在被烈日烤得滚烫的石板上，乌鸦见了，似有所悟，便高兴地回家去了。

点睛妙语

生气是用别人的过错来惩罚自己的愚蠢行为。气是别人吐出而你却吸入嘴里的那种东西，你若吞下，必定反胃；你若不理它，它就会消失得无影无踪。

两兄弟的不同命运

动物王国里，狐狸因懒惰、狡诈、常偷农夫的鸡吃，而被狮王宣判了死刑。三年后，狐狸的两个儿子相继长大。

大儿子和它的父亲一样，懒惰、狡诈，也常干一些偷鸡摸狗的事，后来也像它父亲一样，被狮王宣判了死刑。就在行刑的前一刻，狐狸的小儿子赶来为哥哥送行，狮王见了，说："从现在起，我封你为大将军，因为我已调查过了，你没有不良记录，且从小勤劳、诚实、乐于助人。"

山羊记者见状，连忙分别采访了狐狸兄弟二人，并问了一个相同的问题：是什么原因造成了你们今天不同的结局？

"因为有这样的父亲，我别无选择！"兄弟俩回答得一模一样。

点睛妙语

心态可以给人以成功的动力，也可以造成破坏力，这要看是从哪个角度去看待问题。积极的心态使人克服逆境，继续向前迈进；消极的心态则使人沮丧，无法振作，而就此毁掉自己的一生。

情况不同

一只小猪、一只绵羊和一头乳牛，被关在同一个畜栏里。

有一次，牧人捉住小猪，它大声号叫，猛烈地抗拒。

绵羊和乳牛讨厌它的号叫，便说："牧人也常常捉我们，我们并不大呼小叫。"

小猪听了后回答道："捉你们和捉我完全是两回事，他捉你们，只是要你们的毛和乳汁，但是捉住我，却是要我的命呢！"

> **点睛妙语**
>
> 人们因为立场不同、所处的环境不同，总是很难了解别人真正的感受。如果能设身处地站在别人的立场上看，我们对别人的失意、挫折、伤痛，就不宜幸灾乐祸，而应要有关怀、了解的心情。

不要盲目和别人比

国王的橱柜里有两只罐子，一只是陶的，另一只是铁的。骄傲的铁罐瞧不起陶罐，常常奚落它。

"你敢碰我吗，陶罐子？"铁罐傲慢地问。

"不敢，铁罐兄弟。"谦虚的陶罐回答说。

"我就知道你不敢，懦弱的东西！"铁罐说着，表现出了更加轻蔑的神气。

"我确实不敢碰你，但不能叫作懦弱。"陶罐争辩说，"我们生来的任务就是盛东西，并不是来互相撞碰的。在完成我们的本职任务方面，我不见得比你差。再说……"

"住嘴！"铁罐愤怒地说，"你怎么敢和我相提并论！你等着吧，要不了几天，你就会破成碎片，消灭了，我却永远在这里，什么也不怕。"

"何必这样说呢，"陶罐说，"我们还是和睦相处的好，吵什么呢！"

"和你在一起我感到羞耻，你算什么东西！"铁罐说，"我们走着瞧吧，总有一天，我要把你碰成碎片！"陶罐不再理会。

时间过去了，世界上发生了许多事情，王朝覆灭了，宫殿倒塌了，两只罐子被遗落在荒凉的场地上。历史在它们的上面积满了渣滓和尘土，一个世纪连着一个世纪。

许多年以后的一天，人们来到这里，掘开厚厚的堆积物，发现了那只陶罐。

"哟，这里头有一只罐子！"一个人惊讶地说。

"真的，一只陶罐！"其他的人都高兴地叫了起来。

大家把陶罐捧起，把它身上的泥土刷掉，擦洗干净，和当年在御橱的时候完全一样，朴素、美观、毫光可鉴。

"一只多美的陶罐！"一个人说，"小心点儿，千万别把它弄破了，这是古代的东西，很有价值的。"

"谢谢你们！"陶罐兴奋地说，"我的兄弟铁罐就在我的旁边，请你们把它掘出来吧，它一定闷得够受的了。"

人们立即动手，翻来覆去，把土都掘遍了。但一点儿铁罐的影子也没有——它，不知道什么年代，已经完全氧化，早就无踪无影了。

点睛妙语

每个人都有各自的特点，有自己的长处，也有自己的短处。

换一个角度看问题

某天深夜，一位农夫听见自家厨房里的两只水桶正在嘀咕：

"我们的命真苦啊，每天从井里打水上来时，都是满满的，可主人把水倒进缸里时，我们又是空的。我们的日子就是这样重复着，空了又满，满了又空。这样的生活，真是没有意思。"甲桶不停地抱怨说。

"不，老哥，你可以这样想：当我们空着的时候，主人就把我们放进井里，上来时，我们又是满满的。我们满了又空，空了又满，难道这样的生活没有意义吗？"乙桶说。

农夫听完水桶的对话后，似有所悟。从此以后，他再也没有在心里怨恨富有的邻居了。

> **点睛妙语**
>
> 对待自身价值的问题，两只桶之所以有截然不同的看法，关键在于它们看问题的角度不同。任何事情都有其正反两面，当你把目光盯在光的背面时，看到的总是灰暗的东西；但当你转过头来，看到的则是朝霞满天。

享受此刻的生活

在动物王国的联欢会上，大象、老虎、野猪等举着酒杯，围坐在一起，热烈地讨论着时下一些最热门的话题。细心的老山羊却发现狐狸独自坐在一个角落里，面色阴沉地对着窗外发呆。

老山羊便端着酒杯走了过去，向狐狸招呼道："伙计，面对如此良辰美景，你不痛饮高歌，竟然在这里独自发呆，难道有什么心事吗？"

"哦，不，我没有心事。"狐狸低声说。

"难道今晚有谁和你过不去？"

"没有，大家都很友好。"

"那你为什么不和大家一起欢度这美好时刻呢？"

"我没心情，因为我担心待会儿回家的路上会塞车。"

"可是，享受此刻的生活，远比担心下一刻重要得多啊！"老山羊说完，拉着狐狸进了舞池。

> **点睛妙语**
>
> 享受此刻的生活，就是享受你正在做的，而不是即将做的事情。从忧愁、烦恼里走出来，学会欣赏和热爱已经拥有的生活，你就会感到无与伦比的快乐和满足。

选择快乐的心情

海边的沙滩上,正在晒太阳的乌龟见螃蟹爬了过来,便微笑着招呼道:"你好!螃蟹兄弟。"

但螃蟹只是斜着眼,冷冷地看了它一下,便爬走了。

海豹见了,便对乌龟说:"那家伙太傲慢了。"

"是的,它总是如此。"

"既然它一贯傲慢,不理你,你为什么不生气,反而还是那样愉快地和它打招呼呢?"

"为什么我要让它的态度来左右自己的心情呢?"乌龟回答完后,又快乐地哼起小曲来。

点睛妙语

心情的好坏,大多数时候是可以由自己来选择的。我们可以选择快乐,选择自由,选择尊重,但绝不能让别人的态度来左右自己的心情。

不必遗憾

老虎在被猎人追赶的途中,失足掉下了悬崖,昏死了过去。当它苏醒过来时,发现自己躺在动物医院的手术台上。

"你再休息一段时间,就能痊愈了。唯一的遗憾是,你已失去了一条腿。"斑马医生对老虎说。

"不对，我这条腿不是失去的，而是被我遗弃的。我没有任何遗憾！"老虎平静地、出人意料之外地大声说。

点睛妙语

在我们的一生中，失去的东西显然是不计其数的。然而，只要我们把那些失去的东西当作被遗弃的废物时，沮丧的感觉就会减轻许多。

无法挽回的事

老猫在招待客人时，总是特意把一个祖传下来的小碟子拿出来，供大家欣赏。

"哦，这小碟子的瓷是如此的细腻，彩绘是如此的精美绝伦，肯定是瓷器中的上上之品！"山羊摸了摸下巴上的长胡须说。

"我活了这么一大把年纪，还是头一回欣赏到这么精致的小碟子。如果拿到拍卖会上去拍卖，肯定能卖出一个好价钱。"乌龟转动着绿豆般的小眼睛，兴奋地说。其他人也围着这只小碟子，赞叹不已。

"爸爸，我想吃油炸的小鱼儿。"老猫的小儿子淘淘从里屋跑了出来，伸手就去取桌上老猫正用来招待客人的那盘小鱼，却没想到手碰到了放在桌子边上的小碟子，碟子掉在地上，摔成了碎片。

"多么可惜啊！"几乎所有的客人都发出了叹惜声。淘淘也吓得大哭，因为它知道，那是被爸爸视为珍宝的东西啊！

"请大家不要为我感到惋惜，淘淘，你也不要哭了。"老猫平静地对所有的客人说完后，为淘淘擦干了脸上的泪。"因为大家再怎么惋惜，淘淘再怎么痛哭，碎了的小碟子依然无法恢复原貌。同样的道理，今后，在你们的生活中如果发生了无法挽回的事时，请记住这只破碎的小碟子。"

点睛妙语

正如老猫所言：人在无法改变失败和不幸的厄运时，要学会接受它，适应它，忘记它。唯有如此，你才能忘记失败，走出失败，从而才能享受快乐的人生。

学会理智地放弃

一位游人蹲在海边，看见一只小龟在拼命地啃着一个荔枝核，但那个荔枝核上一点儿果肉都没有，很显然是很久以前就被人抛弃的。

游人见小龟啃了半天，也没捞着任何实惠，便扔了一颗花生米过去。可小龟却不理会，仍然一个劲儿地啃着那个荔枝核。游人见此，轻轻地叹了一口气。

小龟又白费力气地啃了半天后，终于放弃了，转向了那颗花生米，高兴地啃了起来。

"看，放弃也是一种智慧，可惜呀，我们人类有时还不如一只小龟。明知坚持会带来更多的苦恼，却始终不肯松手。"游人自言自语地说。

点睛妙语

没有放弃就不会有新的收获。有时候，放弃比坚持显得更理性。生活百味，无须苦守。学会理智地放弃，才能真正地体味到生活的真谛。

未来该如何生活

一天，一只失去一条腿的山羊拄着一根拐杖，一跛一跛地朝一座庙宇走去，狐狸见了，问道："可怜的家伙，难道你要去向佛祈祷，请求他再赐给你一条腿吗？"

"不，我不是去向佛要一条新的腿，而是去向佛祈祷，让他点拨我，在失去一条腿后，该如何去生活。"跛腿的山羊平静地对狐狸说完后，又满怀信心地向庙宇走去。

点睛妙语

不要为所失去的而哭泣，不要过分计较人生的得与失，只有这样的人生，才是充实的人生，快乐的人生。

不要为明天而忧虑

老虎在洞里摆放了一个钟。一天深夜，秒针突然哭了。

"我的命真是比黄连还苦啊！我从来没有休息的时候，每天都在周而复始不停地跑着，跑着，这也太不公平了！每当我跑一圈时，分针才走一步；我跑六十圈时，时针才走五步。一天我必须要跑一千四百四十圈，一个星期有七天，一个月有三十天……我如此瘦弱，却必须要分分秒秒地跑下去，我明天怎么还有力气跑呢？"

停在钟壳上的一只蚊子听到后，安慰它说："不要去想明天的事，你只需要按本分一步一步地往前走，你就会感觉很轻松很愉快。"

点睛妙语

不要为明天的事而烦恼，我们应该努力去接受现实生活中的每一件事。如果不如意的事已经发生了，无论你怎样悔恨和叹息都是没有用的，你唯一可以做的是轻松愉快地接受它，专心地过好今天，活出生命的色彩，并更加努力地做好你该做的事。

接受不可改变的事

有一只猎犬，在执行追捕任务时，与豺狗发生了搏斗。它的右耳不幸被豺狗咬掉了。

事隔多年，当这只猎犬退休时，有人问它："你少了一只耳朵，是不是觉得很难过？"

"不，我从来就没有想到它，只是在打雷的时候，当我习惯地用双手去捂住耳朵时，才会想起这件事情，仅此而已。"猎犬愉快地说。那神情，仿佛自己不曾丢失一只耳朵一般。

点睛妙语

面对不可逆转的不幸，我们只有接受它。学会接受一些不可改变的事实吧，你会体味到人生多了一分幸福，少了一分无奈。

淡看人生喜与忧

动物王国的兽类正在开联欢会，蝙蝠也来了，它想在会上为大家献上一首歌，却被动物们拒绝了。

"你有翅膀，不是我们的同类。请离开这里。"大象神气十足地说。

蝙蝠只好一展翅膀，伤心地离去。

这一幕刚好被两个人看到。

甲说："这蝙蝠真可怜，明明有四肢，是兽类，却被赶出了家园。"

乙说:"这也不一定是坏事。"

果然,几天之后,动物王国中的兽类与外星人发动了一场战争。兽类动物们大败,死伤无数。

甲说:"这蝙蝠真幸运,幸亏没有被四条腿的兽类动物们接受,不然这次上战场,肯定也成了炮灰。而它现在还能幸运地回到鸟类中去。"

乙说:"我看这不一定是好事。"

当蝙蝠挥动翅膀,飞到鸟类中来时,鸟类们也把它拒之门外。理由很简单,蝙蝠虽有翅膀,但长着四肢。

甲对乙说:"我早就说过蝙蝠的命苦,你就是不信。看看吧,它又被鸟类赶出了家园。"

乙说:"被赶出了家园也不一定就是坏事啊!"

过了一段时间,鸟儿国发生了一场百年不遇的瘟疫,鸟儿们都被感染上了,一只只都挣扎在死亡的边缘上。而蝙蝠早就被它们赶走,所以才得以好好地生存下来。

点睛妙语

蝙蝠的故事教会我们,只要用平实的心情看待人生一时的喜与忧,用平和的心态成长,就能从不同的激流中发现许多人生的智慧。

没有绝对的圆满

有个圆环失去了一个部件。于是,它旋转着去寻找这个部件。

由于缺少了一个部件,圆环只能非常缓慢地在地上滚动。这样,圆环就有机会欣赏沿途的鲜花、美景。它一会儿跳进小河里洗澡,与鱼儿对话,一会儿又在草地上歌唱,和蝴蝶一起翩翩起舞……而这些都是它完整无缺、快速滚动时所无法享受到的。

一天，这个圆环终于找到了丢失的部件。它非常高兴，又开始迅速滚动起来。可是因为完整了，它无法控制自己的滚动速度，它无法和所有的朋友打招呼，不能和鱼儿对话，也没有机会和蝴蝶跳舞，一切都变得稍纵即逝……

这个圆环最后在一个小石块的帮助下，甩掉了那个找到的部件，又成为一个有缺陷但快乐的圆环。

点睛妙语

很多人常常抱怨自己的生活不圆满，这也不如意，那也不舒心，进而心情抑郁，生活无味。其实，人生没有绝对的圆满！生活的残缺有时也是上天的一种恩赐，因为损伤和缺憾，往往是我们发现另外一种美丽的契机。

忘记过去是为了将来

动物王国的运动训练场上，猩猩正在对着一个大沙包练习拳击。

"你已蝉联两届冠军，有着扎实的功底，为什么还每天都来坚持练习？"狐狸看着累得满头大汗，却仍在一丝不苟地训练的猩猩，不解地问。

"我从不想着自己曾经是拳击冠军。我只知道，如果我一天不坚持练习，下次倒在擂台上爬不起来的，就有可能是我！"猩猩说。

点睛妙语

忘记成功，就不会重复自己，不会自恃优越而失去超越自己的锐气；忘记失败，就不会妄自菲薄，不会因失败的阴影而影响拼搏的信心。

无心却有果

远古时候，统领百兽的神到某地出游，路上一不小心，把随身携带的玄珠弄丢了。玄珠是神的权力象征，所以，神非常着急。于是，就派智慧去寻找，结果智慧费了很多心思，还是空手而归。

神又派离朱去寻找。据说离朱"能于百步之外，见秋毫之末"，有着非凡的能力。但离朱找来找去，仍然没有找到。

最后，神没有办法，只好派无心去寻找。出人意料的是，无心竟然不费吹灰之力，一下就找到了玄珠。

点睛妙语

命运之神常与我们开一个不大不小的玩笑，当你费尽心机，刻意去办一件事时，其结果往往是失败；但当你不抱什么希望，于"无心"之时，幸运女神却往往把五彩的花环挂在你的脖子上。让你于"无心"、"无意"之时，收获成功的喜悦。

回头有什么用

马驮着一袋水正在穿越沙漠。忽然，它驮着的水袋滑落到了地上，水全都洒光了。马头也不回地继续大踏步前行。

骆驼看见了，对马大喊道："喂，伙计，你的水袋掉下来了，水全都洒光了，你就不回头看看呀！"

"水袋掉到地上后，水已经全没了，回头又有何益？"马说完，继续赶路。

点睛妙语

有些时候，人生的损失是无法挽回的，越想补偿越不甘心，也就越痛苦。其实，损失往往就像破碎的镜子，怎么也不会恢复到原来的模样。所以，在受到无法挽回的损失的时候，我们应该做的是将它抛到脑后，继续前行。

知足之心

一天，豺狗去狐狸家里串门。豺狗见狐狸家里的墙上挂满了许多山鸡和野兔，便说："伙计，你真有本事，捕获了这么多的猎物，可以过一个富足之年了。"

"唉，这算什么呀？这几天我都发愁得吃不下饭，睡不着觉呢！"

"为什么？你还不满足吗？"豺狗惊讶地问。

"当然，你不知道，猎豹家的兔肉、鹿肉都快堆成小山了，我能快乐吗？我能满足吗？"

"如果你总是抱着多多益善、贪得无厌的心态，你就永远也无法满足，更别提快乐了。"豺狗说完，转身离开了狐狸的家。当它走到门外时，还听到狐狸发出长长的叹息声。

点睛妙语

当你得到了什么，或达到了某一目标时，应该有所满足。如果总是抱着贪得无厌的想法，反而会妨碍你对幸福的享受。培养知足之心，并不是说你不能或不该想得到比别人更多的东西，只是说你的快乐不要过分依赖于它。你应该着眼于现在，学会安享现有的一切，这样，你就会有满足感，快乐也会随之而来。

不要和他人攀比

　　一天早晨，狮王到各个山头巡视。使它万分诧异的是，老虎正躺在洞里呼呼大睡，完全没有以前的威风与生气；野猪也不再磨牙，而是躺在一棵大树底下晒太阳；而狐狸呢，嘴里嚼着一根脏兮兮的野鸡毛，懒洋洋地趴在洞口，仿佛在想心事；猴子也在树上荡秋千……它们没有一个人去采集过冬的食物。

　　狮王一路走啊，走啊，发现只有小老鼠在往洞里运麦粒，一副忙碌、活得有滋有味的样子。

　　狮王上前问道："小老鼠，你知道它们为什么都无精打采的原因吗？"

　　"我知道，尊敬的狮王！"小老鼠毕恭毕敬地说，"老虎之所以睡觉，是因为它觉得自己没有野猪那一对人见人怕的獠牙，因此产生了轻生厌世的念头；野猪因为痛恨自己没有狐狸那样聪明绝顶的脑瓜而不再磨牙，静静地躺在树底下等猎人来收拾自己；狐狸哀叹自己不能像猴子一样四肢灵巧，也病倒了；猴子则因自己没有大象那样庞大的身躯，而失去了继续活下去的信心，所以它们谁也不去采集准备过冬的食物。"

　　"那么你呢？你为什么过得如此快乐而毫不沮丧呢？"

　　"尊敬的大王，我只知道安心地过自己的日子，从来没有它们那么多复杂的想法。所以，我对自己的现状很满足，并热爱这样的生活。"小老鼠说。

点睛妙语

　　其实，人各有所长，各有所短。因此，我们既不能专门以己之长，比人之短；也不应以己之短，比人之长。

　　只要我们安心享受自己的生活，不盲目地和别人攀比，在生活中就会减少许多无谓的烦恼。

好马要吃回头草

在广袤无垠的蒙古大草原上，一匹汗血宝马在徐徐前行。它偶尔低下头，吃几口绿油油的青草。

一个月后，汗血宝马已走到了草原的边缘，脚下的草已越来越少。几天之后，汗血宝马就要接近沙漠的边缘了。

这时，汗血宝马只要回头，就可以重新吃到鲜嫩的青草。但汗血宝马想："我是马中的精品，祖宗不是留下'好马不吃回头草'的训诫吗？我当然也得遵守！"

于是，汗血宝马固执地踏上了沙漠。

后来，它终于抗争不过饥饿，而倒在了沙漠里，再也没有站起来。

点睛妙语

在人生的各个关口，常常需要我们为到底要"面子"，还是要"肚子"而做出选择，此时，你不妨明智一点儿，先解决"肚子"的问题，再解决"面子"的问题。或许还能因此而赢得别人的佩服：果然是一匹"好马"！

沉默的作用

池塘边，一只青蛙迎着初升的太阳，高兴地唱起歌来。

"你唱得再动听，也不会变成青蛙王子。"一头到池塘里洗澡的水牛听见青蛙的歌声后，心里很是嫉妒，便嘲笑道。青蛙听后，默不出声。

"水牛哥，你知道它小时候是什么模样吗？"一只在池塘边觅食的孔雀问水牛道。孔雀早就在心里恨透了这只青蛙,它不明白青蛙为什么总是那么快乐,每天从早到晚地唱个不停,而且它的歌声还博得了人类的叫好声。因此,孔雀早就想挖苦一下青蛙,今天机会终于来了。

"哦,是漂亮的孔雀小姐呀。"水牛亲热地说,"我当然知道它小时候是什么模样,是一条黑不溜秋的、丑陋不堪的小蝌蚪啊!我一脚下去,就能踩死好几只呢。"

"可你看它,现在尾巴倒没有了,可又长出了四条腿,还挺着一个大肚子。你说它像不像个怪物!"孔雀在一边添油加醋地说。

"岂止是怪物,是地地道道的基因变异。"水牛说完,就和孔雀一起边大笑边挑衅似的望着青蛙。

青蛙始终平静地听着它们的对话,一言不发,直到孔雀和水牛说得口干舌燥,青蛙还是保持沉默。水牛和孔雀见状,没趣地走了。

点睛妙语

人的一生,谁都难免会遇上难堪的场面,遭到他人的嘲笑,甚至辱骂。无论是多么卑陋的嘴脸、恶毒的语言,你都要装作没听见,千万不要变得像对方一样失去理智。获胜的唯一战术,就是保持沉默,不和别人发生正面冲突,就连多余的解释也没有必要。

懂 得 割 舍

黑夜里,一头野猪不小心踩上了猎人布下的铁夹子。它拼命地挣扎,却无济于事。

眼看天快亮了,野猪知道猎人快要来查看铁夹子了,便不再做无用的挣扎,而是毫不犹豫地咬断了那只被夹住的小腿,一跛一拐地逃走了。

> **点睛妙语**
>
> 人生亦应如此,在生活强迫我们必须付出惨痛的代价时,主动放弃局部利益而保全整体利益是最明智的选择。如果不懂得适时放弃,你失去的将会更多。

别把偶然当成必然

矮人国里,小矮人东东一直靠帮人修修补补过日子。有一天,东东背着修理工具,准备到邻村去找活干,以便赚点钱买粮充饥。恰好就在这一天,国王到郊外打猎,一不小心,龙袍被树枝刮坏了。

国王见小矮人东东是个修理匠,便命令他立即过来替自己修补龙袍。小矮人东东一会儿就把龙袍修补好了,而且修补得天衣无缝。国王一看,非常满意,就赏给他许多金银。

小矮人东东在回家的路上,忽然发现一只狮子躺在地上呻吟不止。小矮人东东走近一看,原来狮子的一条腿被猎人埋下的铁夹子夹住了。见狮子那痛苦不堪的样子,小矮人东东便蹲下身子,用自己手中的工具,帮狮子取下了铁夹子。狮子翻身起来,跑进了树林里。

小矮人东东继续往家里赶,却突然听到身后传来了脚步声。他回头一看,原来是刚才那只狮子,狮子嘴里还叼着一头鹿。狮子把鹿放在小矮人东东的脚边,并向他摇了几下尾巴,便返身跑进林子,再也不见了。

小矮人东东高兴坏了,他口袋里装着金银,肩上扛着鹿,一路小跑着回到了家。

"妈妈,我有两样绝技,从此以后,咱们就不愁吃喝了。"小矮人把金银和鹿放在妈妈面前时,兴奋地说。

"你有什么绝技?"妈妈问。

小矮人东东故作神秘,笑而不答。他在门上挂了一个牌子,上面写着:"专门修补龙袍,兼拔铁夹子。"

点睛妙语

如果把偶然发生的事当成必然事件，那么这个人不是傻子就是白痴。因为这个世界再大，赚钱的方法再多，但专门修理龙袍的生意最好别做，不然，最后吃亏的肯定是你自己。

清洗心灵

一只小天鹅正在湖边觅食，天鹅妈妈朝它走了过来。

"孩子，我们一齐跳进湖里，痛痛快快地洗个澡吧。"天鹅妈妈对女儿说。

"妈妈，你真好笑，我们不是天天生活在湖边，经常洗澡吗？"小天鹅不解地问道。

"孩子，平常那不叫洗澡，那叫洗身子。"天鹅妈妈说。

"洗身子和洗澡有什么区别？"小天鹅乐了。

"孩子，真正的洗澡是外洗身，内洗心灵的。你们平常跳进水里，稍微抖动几下身上的羽毛，那不叫洗澡，因为那样只能洗去身体表面的污垢，却没有洗涤掉心灵上的垃圾。"天鹅妈妈说。

"妈妈，我心里怎么会有垃圾呢？"小天鹅笑得更欢了。

"孩子，难道你心里就真的没有一点儿怨、恨、烦、恼吗？"天鹅妈妈问道。

"这个……这个，当然会有。"小天鹅低下了头。

点睛妙语

假如你从来就不清洗内心的垃圾，那么你的心灵就不会变得真正快乐、愉悦。就如同清洁工未清扫街道上的垃圾，街道就不会变得干净、宽敞一样。

心里的快乐

龙王听说龟宰相因病卧床不起，忙派御医河蚌去给龟宰相把脉问诊。可无论河蚌用什么药方，龟宰相的病都不见好转，反而越来越严重了。

御医河蚌见状急了，它拉着龟宰相的手说："宰相，请你告诉我你的真正病因，好吗？只有这样，我才能对症下药，才能救你的命。"

"我是因为觉得生活中没有快乐而痛苦得要死的。我需要快乐！"龟宰相说完，又痛苦地闭上了眼睛。

"看来我得为它找到快乐，不然龟宰相就死定了。"河蚌说完，便来到人间，向人们打听在哪里能找到快乐。

"哦，我想有笑声的地方就有快乐。"有人说。

河蚌找到一位正哈哈大笑的人，对他说："请你借给我一点儿快乐吧。"

"你认为我在笑，我就快乐吗？其实，我是在嘲笑自己刚才做的一件蠢事。我并不快乐。"那人停住笑，沮丧地说。

河蚌来到一座王宫，请求国王道："尊敬的陛下，请你借给我一些快乐吧。"

不料国王说道："要说这话的人应该是我，我虽然拥有至高无上的权力和无尽的财富，但我这一生，从来就没有过上一天真正快乐的日子。如果你找到了快乐，我愿意用王位来换取。"

河蚌失望地告别了国王。在一条乡间小路上，它看见了一位又聋又哑的残疾人，正在吃力地拉着一车柴火赶路，忍不住叹息道："哦，又是一个没有快乐的人。"

哪知残疾人抬起头来，用充满快乐的眼神看着河蚌，并用手比画着说："我有快乐！"

"你有快乐？"河蚌有些不敢相信地问。

残疾人使劲儿地拍着胸脯，表示肯定。

"那么请你借给我一些快乐吧，我要去救龟宰相。"河蚌兴奋地说。

残疾人再一次用手拍了拍胸脯，比画道："快乐在我心里，你是拿不走的。"

河蚌于是回到龙宫，对龟宰相说："快乐根植于人的心里，你若要快乐，只能从自己心里寻找。"

点睛妙语

我们在生活中获得的快乐，并不在于我们身处何方，也不在于我们拥有什么，更不在于我们是怎样的一个人，而只在于我们的心灵所达到的境界。

付出的乐趣

一个妇人坐在一堆金银财宝上，但令人不解的是，她还是伸出双手，向过路的人们乞讨着什么。

神朝妇人的方向走了过去，妇人也向他伸出了双手。

"你已拥有了如此多的金银财宝，还不满足？"神问。

"是的。虽然我拥有如此多的金银财宝，但我没有丝毫的满足感，我还想有更多的钱财、荣誉、成功、爱情。"妇人回答说。

神从口袋里掏出了妇人所需要的荣誉、成功、爱情，一并送给了她。

两个月后，神又从这里经过时，看到妇人仍坐在那堆金银财宝上，向路人伸出双手。

"你之所求都已经有了，难道你还不满足吗？"神问。

"是的。虽然我得到了那么多东西，但我还是不满足，我还需要快乐！"妇人说。

"你如果真的想获得快乐，那么请你从现在开始付出吧。"神说。

半年后，神又从这里经过，只见那妇人站在路边，她身边的金银财宝已经不多了，她正在把它们施舍给路人。

妇人把金钱给了衣食无着的穷人，把荣誉和成功给了失败者，把爱情给了失恋的人，最后，妇人自己一无所有。但妇人看着人们接过她所施舍的东西，满怀感激而去时，她笑了。

"你现在快乐了吗？"神问。

"是的，我现在很快乐。原先我一味乞讨，得到这个，又想得到那个，贪心使我不知道什么叫快乐。但我现在知道了，快乐就在我向别人付出时，他们向我投来的感激的目光中。"妇人回答说。

点睛妙语

当你一味索取时，贪念占据了你的胸膛，你不会感到快乐；而当你付出时，快乐才会不经意地来临。因此，这个世界上最快乐的人，往往是那些付出最多的人。